Stefan Beiersmann

Digitale Welt für Einsteiger

Samsung Galaxy

7., aktualisierte Auflage

Inhaltsverzeichnis

15

So übertragen Sie
die Daten Ihres
alten Smartpho-
nes auf Ihr neues
Samsung Galaxy.

58

Die erste eigene
App installieren?
So gehts!

63

Widgets bieten
mehr Details auf
dem Startbild-
schirm – etwa
zum Wetter oder
zum aktuellen
Song. So richten
Sie alles ein.

95

Sicher kennen sie den Panorama-modus. Aber wie wäre es mit einer Superzeitlupe? Ihr neue Kamera kann mehr!

110

Ein Kommando – viele Aktionen: Mit Bixby können Sie Routinen und Abläufe erstellen.

151

So richten Sie eine Sicherung für Ihre Daten ein.

Der erste Überblick

Das Smartphone ist für die meisten Menschen heute ein alltäglicher Begleiter. Telefonieren, Messaging, soziale Medien und Shopping sind ohne Smartphones kaum noch denkbar – in einigen Bereichen werden sie inzwischen fast zur Notwendigkeit. Egal was Sie mit Ihrem Smartphone erledigen wollen, Samsung bietet für alle Gelegenheiten und in allen Preislagen Geräte an, die sich regelmäßig unter den besten von uns getesteten Handys finden.

Die Samsung-Galaxy-Modelle

Mit mehreren Modellreihen und Preisen zwischen 125 und 1500 Euro wirbt Samsung hierzulande um die Gunst der Kunden und bietet damit für jeden ein passendes Smartphone an.

▶ Galaxy S und Galaxy Note sind Samsungs Premium-Produkte, die stets über die neueste Technik und Software verfügen.

▶ Die Galaxy-A-Smartphones decken alle Preislagen ab – hier werden Einsteiger und auch anspruchsvolle Käufer fündig.

▶ Galaxy M bietet ein gutes Preis-Leistungs-Verhältnis.

▶ Galaxy Z Fold und Z Flip eröffnen ein neues Segment faltbarer Smartphones.

▶ Die Xcover-Serie bietet robustere Modellgehäuse.

Bei allen Smartphones setzt Samsung auf Googles Mobilbetriebssystem Android und die selbst entwickelte Oberfläche One UI. Samsungs eigene Anwendungen wie E-Mail, Internet, Galerie, Kalender und Kontakte finden sich auf allen Geräten – egal ob sie 125 oder 1500 Euro kosten.
Für den höheren Preis erhalten Kunden vor allem eine bessere Hardwareausstattung. Der Prozessor wird schneller und leistungsfähiger, Arbeits- und Gerätespeicher werden größer, die Kameras leistungsfähiger, die Displays größer und schärfer und die Akkus bieten eine längere Laufzeit.

Wer mehr Ausstattung für weniger Geld möchte, muss nur etwas Zeit mitbringen. Die Preise für Samsung-Smartphones sinken schon in den ersten Monaten nach Verkaufsstart um 20–30 %. Wer sein Smartphone vorrangig zum Telefonieren und für WhatsApp nutzt und vor allem erreichbar sein möchte, wird mit einem Galaxy A oder M glücklich. Ansprüche in Bezug auf Kamera oder mobile Spiele kann die Samsung-Mittelklasse problemlos befriedigen. Wer seinem Smartphone besonders viel abverlangt und alle Möglichkeiten nutzen möchte, orientiert sich in Richtung Galaxy S.

Die aktuelle Generation: Galaxy S21, S21+ und S21 Ultra

Der neuen Galaxy-S-Generation hat Samsung ein auffälliges Design-Merkmal spendiert: Das Kamera-Modul auf der Rückseite sticht als markantes Element aus dem Gehäuserahmen hervor.

Deutliche Fortschritte wurden beim Prozessor gemacht. Er ist leistungsfähiger und deutlich energieeffizienter. Sie dürfen also mit einer längeren Akkulaufzeit rechnen. Zudem sorgt das Display mit

einer adaptiven Bildwiederholrate von bis zu 120 Hz für eine flüssigere Darstellung für bewegte Inhalte.

Ein hochauflösendes QHD-Display ist dem Ultra-Modell vorbehalten. Das S21-Basismodell kommt gar mit einer Rückseite aus Plastik statt Glas daher. Das fühlt sich weniger wertig an, ist aber deutlich unempfindlicher gegenüber Stürzen. Insgesamt schnitten alle drei S21er mehr als achtbar im Falltest ab: Nur unauffällige Kratzer und Dellen zierten das Gehäuse – ganz im Gegenteil zum im Falltest gesplitterten Vorgängermodell S20 (mehr Details kostenlos unter test.de/Sam sung-Galaxy-S21-S21-und-S21-Ultra-im-Test-Potent-robust- aber-ohne-Ladegeraet-5723326–0/).

Die Vorgänger: Galaxy S20, S20+ und S20 Ultra

Wer sich kein S21 leisten möchte, findet das S20 im Handel schon ab etwa 620 Euro. Die Generation des Jahres 2020 ist dank des bereits im Dezember 2020 ausgelieferten Updates auf Android 11 softwareseitig bis auf geringe Unterschiede auf demselben Stand wie das Galaxy S21. Auch bei der Hardware sind die Vorteile der S20-Reihe zumindest bei einer durchschnittlichen Nutzung kaum zu spüren. Damit ist es eine starke Konkurrenz für die aktuellen Modelle, zumal sich Preisunterschiede von fast 200 Euro zugunsten des S20 ergeben.

Ältere Galaxy-Modelle

Im Handel sind auch noch zahlreiche ältere Samsung-Smartphones erhältlich, darunter der Modelljahrgang 2019 von Galaxy S und Galaxy A. Unter Umständen sind diese Smartphones trotz ihres Alters eine preisliche Alternative.

Zumal Samsung ältere Smartphones inzwischen drei Jahre lang mit Android-Funktionsupdates und vier Jahre lang mit reinen Sicherheitsupdates versorgt. Ein 2019 mit Android 9 ausgeliefertes Galaxy S10 hat etwa bereits die Updates auf Android 10 und Android 11 erhalten und wird im kommenden Jahr auch noch mit Android 12 versorgt werden – um danach noch bis Anfang 2023 regelmäßig Sicherheitspatches zu beziehen.

Die ungewisse Zukunft der faltbaren Smartphones

Die Galaxy-Fold-Smartphones mit faltbarem Display fristen seit ihrem Marktstart im Jahr 2019 ein Nischendasein, auch weil die Preise mit rund 900 bis 1700 Euro immer noch sehr hoch sind. Gerüchten zufolge sollen zwar günstigere Varianten in Arbeit sein, aber auch andere Hersteller üben sich in dieser Produktkategorie weiterhin in Zurückhaltung.

Trotzdem könnte ihnen immer noch die Zukunft gehören. Schließlich versprechen die faltbaren Displays ein leichteres Arbeiten mit mobilen Geräten, denn sie erlauben beispielsweise, mehrere Apps in Fenstern nebeneinander auszuführen, wie man es von einem PC kennt.

Modellübersicht der Samsung-Galaxy-Produktfamilie

Produktmerkmal	Galaxy S21 Ultra	Galaxy S21+	Galaxy S21	Galaxy S20 Ultra
Prozessor	64-Bit Octa-Core	64-Bit Octa-Core	64-Bit Octa-Core	64-Bit Octa-Core
Arbeitsspeicher	12/16 GByte	8 GByte	8 GByte	12/16 GByte
Interner Speicher	128/256/512 Gbyte	128/256 GByte	128/256 GByte	128/256/512 Gbyte
Erweiterbarer Speicher	nein	nein	nein	ja, bis zu 1 TByte
Displaydiagonale	6,8 Zoll	6,7 Zoll	6,2 Zoll	6,9 Zoll
Displayauflösung	1440 x 3200 Pixel	1080 x 2400 Pixel	1080 x 2400 Pixel	1440 x 3200 Pixel
Kameraauflösung: Rückseite/Front	108; 12; 10; 10 Megapixel / 40 Megapixel	64; 12; 12 Megapixel / 10 Megapixel	64; 12; 12 Megapixel / 10 Megapixel	108; 12; 48 Megapixel / 40 Megapixel
Autofokus/LED-Fotolicht	ja/ja	ja/ja	ja/ja	ja/ja
Mobilfunkstandards	5G, LTE, UMTS, GSM	5G, LTE, UMTS, GSM	5G, LTE, UMTS, GSM	5G, LTE, UMTS, GSM
SIM-Kartenformat/ Dual-SIM	Nano-SIM, eSIM / ja	Nano-SIM, eSIM / ja	Nano-SIM, eSIM / ja	Nano-SIM, eSIM / ja
Konnektivität	WLAN 802.11ax, Bluetooth 5.0, NFC, USB-C 3.2	WLAN 802.11ax, Bluetooth 5.0, NFC, USB-C 3.2	WLAN 802.11ax, Bluetooth 5.0, NFC, USB-C 3.2	WLAN 802.11ax, Bluetooth 5.0, NFC, USB-C 3.2
Max. Downloadgeschw.	4G: 2000 Mbit/s 5G: bis zu 2,33 Gbit/s	4G: 2000 Mbit/s 5G: bis zu 2,33 Gbit/s	4G: 2000 Mbit/s 5G: bis zu 2,33 Gbit/s	2000 Mbit/s
Telefonierdauer	k.A.	k.A.	k.A.	4G: 25 Stunden
Internetnutzung 4G	k.A.	k.A.	k.A.	17 Stunden
Kabelloses Laden	ja	ja	ja	ja
Akku wechselbar	nein	nein	nein	nein
Staub-/wassergeschützt	ja, IP68	ja, IP68	ja, IP68	ja, IP68
Abmessungen (in mm)	165,1 x 75,6 x 8,9	161,5 x 75,6 x 7,8	151,7 x 71,2 x 7,9	166,9 x 76 x 8,8
Gewicht	229 g	202 g	169 g	220 g
✚ test Urteil	GUT (1,7)	GUT (1,8)	GUT (1,8)	GUT (2,1)

(Stand: Mai 2021)

Galaxy S20+	Galaxy S20	Galaxy Note 20	Galaxy A72	Galaxy A52 5G
64-Bit Octa-Core	64-Bit Octa-Core	64-Bit Octa-Core	64-Bit Octa-Core	64-Bit Octa-Core
8/12 GByte	8/12 GByte	8 GByte	6/8 GByte	6/8 GByte
128/256/512 Gbyte	128 GByte	256 GByte	128/256 GByte	128/256 GByte
ja, bis zu 1 TByte	ja, bis zu 1 TByte	nein	ja, bis zu 1 TByte	ja, bis zu 1 TByte
6,7 Zoll	6,2 Zoll	6,7 Zoll	6,7 Zoll	6,5 Zoll
1440 x 3200 Pixel	1440 x 3200 Pixel	1080 x 2400 Pixel	1080 x 2400 Pixel	1080 x 2400 Pixel
12; 12; 64 Mega-pixel / 10 Megapixel	12; 12; 64 Mega-pixel / 10 Megapixel	12; 12; 64 Mega-pixel/10 Megapixel	64; 12; 5; 8 Mega-pixel / 32 Mega-pixel	64; 12; 5; 5 Mega-pixel / 32 Mega-pixel
ja/ja	ja/ja	ja/ja	ja/ja	ja/ja
5G, LTE, UMTS, GSM	5G, LTE, UMTS, GSM	5G, LTE, UMTS, GSM	LTE, UMTS, GSM	5G, LTE, UMTS, GSM
Nano-SIM, eSIM / ja	Nano-SIM, eSIM / ja	Nano-SIM / ja	Nano-SIM / ja	Nano-SIM / ja
WLAN 802.11ax, Bluetooth 5.0, NFC, USB-C 3.2	WLAN 802.11ax, Bluetooth 5.0, NFC, USB-C 3.2	WLAN 802.11ax, Bluetooth 5.0, NFC, USB-C 3.2	WLAN 802.11ac, Bluetooth 5.0, NFC, USB-C 2.0	WLAN 802.11ac, Bluetooth 5.0, NFC, USB-C 2.0
4G: 2000 Mbit/s 5G: bis zu 2,33 Gbit/s	4G: 2000 Mbit/s 5G: bis zu 2,33 Gbit/s	4G: 2000 Mbit/s 5G: bis zu 2,33 Gbit/s	2000 Mbit/s	4G: 2000 Mbit/s 5G: bis zu 2,33 Gbit/s
4G: 23 Stunden	4G: 20 Stunden	4G: 23 Stunden	k. A.	k. A.
15 Stunden	14 Stunden	15 Stunden	k. A.	k. A.
ja	ja	ja	nein	nein
nein	nein	nein	nein	nein
ja, IP68	ja, IP68	ja, IP68	ja, IP67	ja, IP67
161,9 x 737,7 x 7,8	151,7 x 69,1 x 7,9	161,6 x 75,2 x 8,3	165 x 77,4 x 8,4	159,9 x 75,1 x 8,4
186 g	163 g	192 g	203 g	189 g
BEFRIEDIGEND (2,7)	GUT (1,9)	GUT (1,8)	NICHT GETESTET	NICHT GETESTET

Grundlagen der Bedienung

Auf der rechten Gehäuseseite des S21 finden Sie eine große und eine kleine Taste. Erstere regelt die Lautstärke (oben: lauter, unten: leiser), letztere schaltet das Gerät ein, sperrt und entsperrt das Display, aktiviert den Assistenten Bixby oder schaltet alternativ das Gerät aus (Funktionstaste).

Der SIM-Kartenhalter ist in die Unterseite integriert und wird mit dem der Verpackung beiliegenden Werkzeug entfernt. Samsung setzt auf Nano-SIM-Karten. Hat Ihre aktuelle SIM ein anderes For-

Samsung Galaxy S21

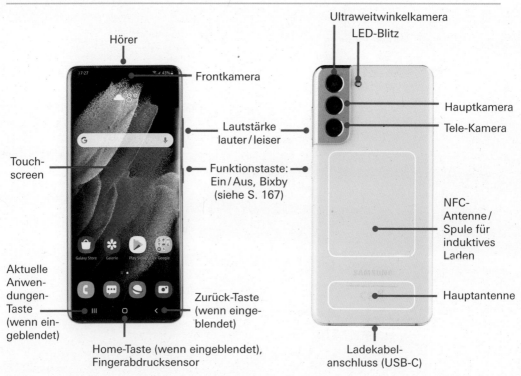

Hörer

Frontkamera

Ultraweitwinkelkamera

LED-Blitz

Hauptkamera

Tele-Kamera

Lautstärke lauter / leiser

Touchscreen

Funktionstaste: Ein / Aus, Bixby (siehe S. 167)

NFC-Antenne / Spule für induktives Laden

Aktuelle Anwendungen-Taste (wenn eingeblendet)

Zurück-Taste (wenn eingeblendet)

Hauptantenne

Home-Taste (wenn eingeblendet), Fingerabdrucksensor

Ladekabelanschluss (USB-C)

mat, wenden Sie sich an Ihren Mobilfunkanbieter für eine passende Karte. Der Platz im SIM-Kartenhalter für eine MicroSD-Speicherkarte wurde beim Galaxy S21 leider ersatzlos gestrichen.

Vorne oben befindet sich die Kamera sowie die Öffnung des Hörers, die auch als zweiter Lautsprecher dient. Rechts und links daneben sind unter Glas diverse Sensoren. Im unteren Bereich des Displays, ebenfalls unter Glas, ruht der auf Ultraschall basierende Fingerabdruckscanner, mit dem sich das Smartphone und sensible Apps mit hohen Sicherheitsanforderungen entsperren lassen. In die Rückseite sind die Hauptkamera und das LED-Blitzlicht integriert.

Samsung Galaxy **S20**

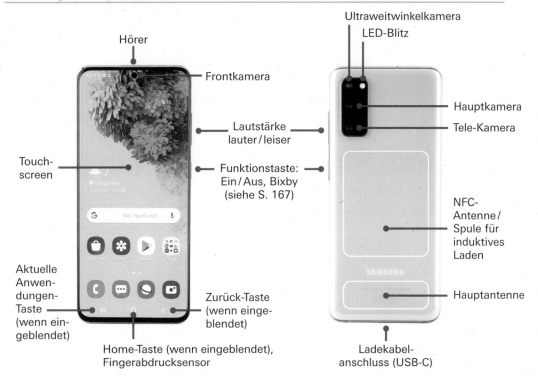

Tippen und Wischen

Das Smartphone bedienen Sie fast ausschließlich mit den Fingern über den berührungsempfindlichen Bildschirm: den Touchscreen.

▶ **Einfaches Tippen** startet eine Anwendung oder löst eine Aktion aus.

▶ **Tippen und Halten** löst alternative Aktionen aus oder öffnet ein Kontextmenü.

▶ **Wischen** von links nach rechts oder von oben nach unten blättert durch eine Ansicht, öffnet eine neue Ansicht oder verschiebt den Bildschirminhalt (scrollen).

▶ **Die Kneif-Geste** mit zwei Fingern, die auf dem Display platziert und auseinandergezogen werden, vergrößert den Bildschirminhalt. Das Zusammenziehen verkleinert die Ansicht wieder.

Die Bildschirmtastatur

Für Texteingaben steht Ihnen die Bildschirmtastatur zur Verfügung, die in der Regel stets automatisch eingeblendet wird, sobald sie benötigt wird. Ansonsten reicht ein Tippen in das Eingabefeld, um die Tastatur zu starten. Am oberen Rand zeigt sie Ihnen Vorschläge zu Ihrer aktuellen Eingabe an. Tippen Sie auf einen der Vorschläge, um ihn zu übernehmen. Im Bereich darunter befinden sich die Tasten für Ziffern und Buchstaben.

▶ Drücken Sie auf die *Umschalttaste*, um nur den nächsten Buchstaben großzuschreiben.

▶ Zweimal Tippen auf die *Umschalttaste* aktiviert die Großbuchstaben, bis Sie erneut auf die Umschalttaste drücken.

▶ Die *!#1-Taste* blendet die Sonderzeichen ein. Erneutes Tippen auf diese Taste führt zur Buchstabeneingabe zurück.

▶ Das *Zahnrad*-Symbol ruft die Tastatureinstellungen auf. Je nach Anwendung, in der die Tastatur aufgerufen wird, stehen weitere Tasten wie *Weiter* oder *Öffnen* zur Verfügung – sie sollen beispielsweise die Navigation durch Eingabemasken erleichtern.

Text kopieren und einfügen

1 Tippen und halten Sie auf einen Text, um ihn zu markieren.

2 Verschieben Sie die Endpunkte der Markierung, um sie zu verkleinern oder zu vergrößern.

3 Erneutes Tippen und Halten auf die Markierung blendet das Menü zum Kopieren des Texts ein.

4 Tippen und halten Sie in ein anderes Eingabefeld, um über das Menü den Text einzufügen.

Das Betriebssystem Android

Die aktuelle Android-Version 11 ist wie bereits erwähnt schon auf dem Galaxy S21 vorinstalliert. Auch das Galaxy S20 und S10 sowie das Note 20 und 10 haben die Aktualisierung erhalten. In den kommenden Monaten soll das Update auch für das S9, Note 9 sowie diverse Modelle der Baureihen Galaxy A und Galaxy M zur Verfügung stehen, weswegen Android 11 die Grundlage dieses Buchs ist.

Regelmäßige Sicherheitsupdates

Google stellt nicht nur jedes Jahr eine neue Android-Version zur Verfügung, sondern auch jeden Monat neue Sicherheitsupdates. Samsung gehört zu den wenigen Herstellern, die sich zur Bereitstellung dieser Updates verpflichtet haben.

Samsung kommt bei vielen Smartphones dieser Zusage monatlich nach, bei einigen älteren und günstigeren Geräten nur vierteljährlich. Zudem dürfen Sie über einen Zeitraum von vier Jahren nach Verkaufsbeginn eines Smartphone-Modells mit regelmäßigen Updates rechnen.

Einschalten & Ersteinrichtung

Nachdem Sie Ihr Galaxy-Smartphone ausgepackt und die Schutzfolien entfernt haben, können Sie es mit der *Funktionstaste* an der rechten Gehäuseseite einschalten (ca. drei Sekunden drücken und halten).

Ihr Gerät begrüßt Sie beim Hochfahren mit einem Samsung-Logo. Wenige Sekunden später folgt bereits die Abfrage der SIM-PIN (falls eine Karte eingesetzt wurde). Tippen Sie nun auf die blaue Start-Schaltfläche am unteren Bildrand, um den Standort bzw. die Sprache auszuwählen, in der Sie das Smartphone nutzen wollen.

▶ **Tippen Sie** auf die gewünschte Sprache.

▶ **Bestätigen Sie** die Sprachauswahl mit *Weiter*.

Während Sie den Endbenutzer-Lizenzvertrag durch Antippen des *Kreises* absegnen müssen, ist die Übermittlung von Diagnosedaten freiwillig. Weitere Informationen zu diesen Punkten erhalten Sie über die *Details*. Zum Abschluss tippen Sie wieder auf *Weiter*.

Als Nächstes steht die Einrichtung einer WLAN-Verbindung an. Ihr Galaxy-Smartphone zeigt Ihnen bereits die verfügbaren drahtlosen Netzwerke an.

1 Tippen Sie auf den Namen (SSID) ihres WLAN-Netzes und geben dessen Passwort ein.

2 Über den Punkt *Erweitert* lassen sich bei Bedarf weitere Einstellungen wie ein DHCP-Server oder ein Proxy-Server festlegen – dies ist in der Regel aber nicht erforderlich.

3 Tippen Sie also nach Eingabe des *Kennworts* einfach auf *Verbinden*. Anschließend sollte die Verbindung hergestellt und unter dem Namen des WLAN als Status *Verbunden* angezeigt werden.

4 Um die Einrichtung fortzusetzen, tippen Sie wieder auf *Weiter*.

Ersteinrichtung mit Datenübernahme

Nun geht Samsung davon aus, dass Sie bereits über ein Smartphone verfügen und die Daten auf Ihr neues Gerät übertragen wollen. Unterstützt werden jegliche Android-Smartphones sowie iPhones und iPads von Apple. Während der Datenübertragung werden Sie zudem durch die weiteren Schritte der Ersteinrichtung geleitet.

Apps & Daten kopieren

Du kannst festlegen, was auf dein neues Gerät übertragen werden soll: deine Apps, deine Fotos, deine Kontakte, dein Google-Konto und mehr.

Datenübernahme mit Android-Geräten

Tippen Sie auf *Weiter* und warten Sie, bis die Smart-Switch-App heruntergeladen und aktualisiert wurde. Auch auf dem alten Smartphone muss die Smart-Switch-App installiert sein – sie ist im Play Store erhältlich. (Wie Sie eine App installieren, wird auf Seite 58 erklärt.)

Herstellen einer Verbindung

Wie möchten Sie eine Verbindung herstellen?

Kabel

1 Wählen Sie *Galaxy/Android* und stimmen Sie den Datenschutzhinweisen zu.

2 Wählen Sie nun aus, ob Sie eine Verbindung per Kabel oder WLAN herstellen möchten. Eine Kabelverbindung ist in der Regel schneller und empfiehlt sich somit vor allem bei großen Datenmengen.

3 Verbinden Sie Ihre beiden Smartphones mit den mitgelieferten USB-Kabeln (USB-C auf USB-C) sowie, falls Ihr altes Gerät noch einen Micro-USB-Anschluss hat, den beiliegenden Adaptern.

4 Auf beiden Smartphones sollte nun die Smart-Switch-App gestartet sein.

5 Tippen Sie auf dem alten Smartphone auf *Daten senden* und erlauben Sie den Zugriff auf Ihre Telefondaten.

6 Auf dem neuen Smartphone startet nun die Auswahl der zu übertragenden Daten. Falls Sie bestimmte Daten wie beispielsweise Bilder nicht übertragen wollen, entfernen Sie den Haken.

7 Der nach rechts gerichtete Pfeil zeigt Ihnen zudem an, welche Daten zu dieser Kategorie gehören.

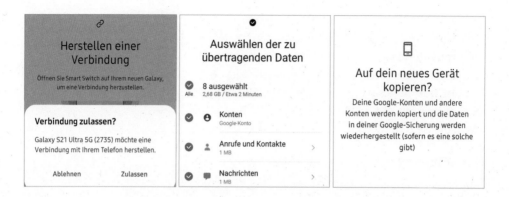

8 Scrollen Sie nach unten und tippen Sie auf *Übertragen*, um den Vorgang zu starten.

9 Bestätigen Sie auf dem alten Gerät die Übertragung des Google-Kontos, indem Sie auf *Kopieren* tippen und sich per PIN oder Fingerabdruck authentifizieren.

Datenübernahme mit iPhones

Falls Sie ein iPhone oder iPad haben und dessen Daten auf dem neuen Galaxy-Smartphone haben wollen, tippen Sie auf *iPhone/iPad*.

1 Stimmen Sie nun den Datenschutzhinweisen zu.

2 Stellen Sie per Kabel eine Verbindung zwischen Ihrem iPhone und Ihrem Samsung-Gerät her. Sie benötigen dazu ein Lightning-Kabel ihres iPhones plus einen Adapter von USB-A auf USB-C, sprich vom großen USB-Stecker des Apple-Kabels auf den USB-Anschluss Ihres Galaxy-Smartphones.

3 Auf Ihrem iPhone werden Sie nun aufgefordert, der Verbindung zu vertrauen.

4 Tippen Sie anschließend auf dem Galaxy-Smartphone auf *Weiter*.

5 Wählen Sie die Daten aus, die Sie übertragen wollen.

6 Tippen Sie auf *Übertragen*.

7 Melden Sie sich nun noch mit Ihrem Google-Konto an, damit die Android-Versionen Ihrer iOS-Apps installiert werden können.

8 Falls Sie keine Kabelverbindung herstellen können, lassen sich die Daten des iPhones per iCloud übertragen. Dafür sollten Sie auf ihrem iPhone die Daten zuerst per iCloud sichern.

9 Auf Ihrem Galaxy-Smartphone müssen Sie sich schließlich mit Ihrem Apple-Konto anmelden und dann die zu übertragenden Daten auswählen.

iPhone- oder iPad-Verbindung

Verwenden Sie ein kompatibles Lightning-auf-USB-C-Kabel oder ein USB-C-auf-USB-C-Kabel bzw. einen entsprechenden Adapter, um Ihre Daten zu übertragen.

Abschlussarbeiten nach der Datenübernahme

Auf Ihrem neuen Galaxy-Smartphone befinden sich nun unter anderem alle Fotos, Videos, Downloads, Dokumente und Apps, die auf Ihrem alten Gerät gespeichert bzw. installiert sind. Vor allem Apps, bei denen Sie mit einem Konto angemeldet sind, benötigen nach Abschluss der Ersteinrichtung Ihre Aufmerksamkeit.

SmartSwitch kann aus Sicherheitsgründen keine Anmeldedaten übertragen. Sie müssen sich also bei allen Ihren Apps erneut anmelden.

Sollten Sie auf einem alten Samsung-Smartphone bereits die hauseigene E-Mail-App verwendet haben, meldet diese unmittelbar nach Abschluss der Ersteinrichtung, dass die Anmeldung bei den hinterlegten E-Mail-Konten fehlgeschlagen ist.

Mit Google-Konto anmelden?

Melden Sie sich mit Ihrem Google-Konto an, um Android-Versionen Ihrer iOS-Apps herunterzuladen, und erhalten Sie empfohlene Apps, wenn es keine genauen Übereinstimmungen gibt.

Abbrechen   Anmelden

Tippen Sie auf entsprechende Benachrichtigungen installierter Apps und geben Sie Ihre Anmeldedaten erneut ein. Zudem sollten Sie alle anderen installierten Apps auf fehlende Kontodaten prüfen, indem Sie sie öffnen. Nach der Anmeldung erhalten Sie wieder Zugriff auf alle Daten dieser Apps.

Eine große Hilfe ist bei diesem Prozedere Samsungs Passwortmanager Samsung Pass, der ab Seite 146 beschrieben wird. Sollten Sie ihn schon auf Ihrem alten Galaxy-Smartphone genutzt haben, hat die Einrichtung der App auf Ihrem neuen Handy oberste Priorität. Denn Samsung Pass stellt Ihnen anschließend für alle dort hinterlegten Apps die Anmeldedaten automatisch zur Verfügung.

Eine wichtige Ausnahme ist übrigens WhatsApp. Es hat eine eigene Datensicherung, die Sie über die Einstellungen der App auf dem alten Gerät anstoßen müssen, bevor Sie sich auf Ihrem neuen Gerät bei WhatsApp anmelden.

Einrichtung ohne Datenübernahme

Falls Sie kein altes Smartphone haben oder aber dessen Daten nicht auf Ihrem neuen Gerät haben wollen, überspringen Sie die Datenübernahme. In dem Fall geht es mit der Einrichtung des Google-Kontos weiter. Beachten Sie, dass Google ab Werk Daten von Apps automatisch in Ihrem Google-Konto sichert. Sobald Sie eine App erneut installieren, werden auch diese Daten wiederhergestellt.

Das Google-Konto

Auf dem neuen Smartphone dürfen Sie nun ihr Google-Konto einrichten. Falls Sie Daten vom Altgerät übertragen haben, wird Ihr Konto bereits vorgeschlagen. Oder Sie erstellen ein neues Google-Konto, wofür Sie unter anderem Ihren Namen und Ihr Geburtsdatum hinterlegen müssen. Bei der Vergabe von E-Mail-Adressen unterscheidet Google übrigens nicht zwischen Groß- und Kleinbuchstaben. Auch Punkte werden nicht berücksichtigt. Für Google entspricht die Adresse mueller.birgit@gmail.com also der Adresse MuellerBirgit@gmail.com.

Für eine optimale Nutzung von Android benötigen Sie ein Google-Konto. Es gibt Ihnen Zugriff auf alle Angebote des Unternehmens wie den E-Mail-Dienst Gmail, den Speicherdienst Drive, einen Online-Kalender, Messaging und vieles mehr. Das Google-Konto ist aber auch die Eintrittskarte in den Play Store, also Googles Online-Marktplatz für Apps. Zwar kann man ein Android-Smartphone grundsätzlich auch ohne Play Store nutzen (siehe Seite 61), empfehlenswert ist das aber nicht. Nun müssen Sie sich noch kurz mit dem Kleingedruckten von Google auseinandersetzen. Bestätigen Sie die Nutzung von Google Drive für Datensicherungen sowie die Verwendung des Standorts – auf die WLAN-Suche können Sie verzichten. Auch Nutzungs- und Fehlerberichte müssen Sie nicht an Google übersenden. Ein Tippen auf *Akzeptieren* schließt diesen Schritt ab. Neu ist, dass Google Sie bei der Ersteinrichtung fragt, welche Suchmaschine Sie nutzen möchten. Das Unternehmen kommt damit einer Aufforderung der EU nach. Gegen die Auswahl von Google spricht an dieser Stelle nichts.

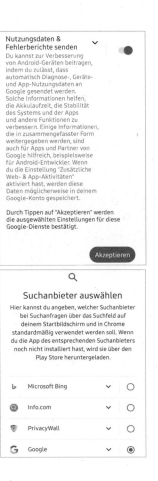

Telefon schützen

Sie werden auf Ihrem Smartphone künftig wahrscheinlich umfangreiche persönliche Daten speichern wie Adressen, E-Mails, Fotos, Textnachrichten, Videos und vielleicht sogar Bank- und / oder Gesundheitsdaten – Informationen, die nicht in die Hände Unbefugter fallen sollten. Daher fordert Sie Ihr Galaxy schon während der Ersteinrichtung auf, das Telefon zu schützen. Da hier sehr viele unterschiedliche Funktionen zur Verfügung stehen, jeweils mit eige-

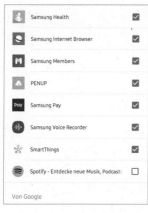

nen Vor- und Nachteilen, beschränken wir uns jetzt auf den bestmöglichen Basisschutz: eine PIN (Alternative, siehe Seite 141).

1 Tippen Sie auf *PIN* und geben Sie eine mindestens vierstellige Zahlenkombination ein – je länger, desto sicherer.

2 Setzen Sie bei *PIN bestätigen, ohne auf OK zu tippen*, einen Haken. Das beschleunigt die PIN-Eingabe, da Sie diese anschließend nicht mehr bestätigen müssen, sondern mit der Eingabe der letzten Ziffer automatisch Ihr Gerät entsperren. Einen Nachteil hat diese „Erleichterung" für Nutzerinnen und Nutzer: Unbefugte können so zumindest die Länge Ihrer PIN erraten.

3 Tippen Sie auf *Weiter* und geben Sie Ihre gewünschte *PIN* erneut ein.

Anschließend stellt Google Ihnen seinen Sprachassistenten Google Assistant vor. Er lässt sich hierzulande nicht mehr bei der Ersteinrichtung abschalten.

Der nächste Punkt ist die Auswahl der vorinstallierten Apps. Samsung stattet seine Smartphones mit vielen Anwendungen aus, die Sie für die Verrichtung alltäglicher Aufgaben benötigen. Einige der vorgeschlagenen Apps sind jedoch nur für bestimmte Nutzerkreise sinnvoll, weswegen sie auch in diesem Buch nicht behandelt werden:

▶ **Galaxy Wearable:** App für die Samsung Smartwatches

▶ **Smart Things:** App für die Verwaltung von Smart-Home-Geräten

▶ **Samsung Notes:** Notizen-App für das Galaxy Note

▶ **Spotify:** App des schwedischen Musik-Streamingdiensts

▶ **LinkedIn:** Apps des sozialen Netzwerks für Geschäftskontakte

Durch Entfernen des Hakens werden diese und jede andere App, die Sie nicht auf Ihrem Smartphone haben möchten, nicht installiert beziehungsweise deaktiviert. Diese Apps lassen sich jederzeit nachträglich deaktivieren oder auch wieder installieren. Sobald Sie weiter nach unten scrollen, sehen Sie zudem eine Liste von Google-Apps, die vorinstalliert werden. Hier können Sie jedoch keine Auswahl treffen. Trotzdem lassen sich auch diese Apps nachträglich deaktivieren – wie das geht, erfahren Sie auf Seite 171.

Das Samsung-Konto

Schließlich bietet Ihnen Samsung noch an, ein Samsung-Konto anzulegen oder einzurichten. Idealerweise wurde es bereits bei der Datenübertragung vom Altgerät vorbereitet. Damit erhalten Sie Zugriff auf den App-Store von Samsung, die Passwortverwaltung Samsung Pass und eine weitere Online-Datensicherung, die Vorteile gegenüber der Online-Sicherung von Google bietet.

1 Melden Sie sich also mit Ihrem Samsung-Konto an, indem Sie den Nutzernamen (E-Mail-Adresse) und das Kennwort eingeben und jeweils mit dem *blauen Pfeil* bestätigen.

2 Wählen Sie nun aus, ob Sie den personalisierten Dienst und die Offline-Suche aktivieren wollen und tippen Sie auf *Zustimmen*.

3 Anschließend erhalten Sie einen Code auf Ihr altes Galaxy, den Sie auf dem neuen Gerät eingeben müssen. Ihr neues Smartphone meldet nun, dass es *startklar* ist. Tippen Sie auf *Beenden*. Falls die Übertragung der Daten auch schon abgeschlossen ist – darüber informiert Sie Ihr altes Gerät –, können Sie die Kabelverbindung trennen.

Die Meldung zur Suche nach einem Mobilfunktarif können Sie mit *Abbrechen* ausblenden. Falls bereits eine SIM-Karte eingelegt wurde, erscheint außerdem

automatisch die SIM-Kartenverwaltung, die nun über *Fertig* beendet wird.

Nun sehen Sie erstmals den Startbildschirm. Beachten Sie bitte, dass im Hintergrund noch weitere Schritte ablaufen. Unter anderem werden die vom alten Smartphone erhaltenen Daten verarbeitet und die fehlenden Apps installiert – Details sehen Sie in den Benachrichtigungen. Gönnen Sie Ihrem neuen Galaxy S21 also am besten eine Pause, bis es alle Arbeiten abgeschlossen hat.

Die Bedienoberfläche One UI

Samsung passt die Oberfläche des von Google entwickelten Android nach seinen Vorstellungen und seiner eigenen Designnote an. Samsung nennt das Design One UI, wobei UI für User Interface (englisch: Nutzeroberfläche) steht.

Das Galaxy S21 kommt mit One UI Version 3.1 – auf Android 11 aktualisierte, ältere Galaxy-Smartphones erhalten das Update in der Regel zeitnah.

Der Startbildschirm

Er ist die Zentrale und erste Anlaufstelle: Hier finden Sie die wichtigsten Informationen und App-Verknüpfungen und er ist jederzeit über den Home-Button erreichbar (siehe auch „Einstellungen des Startbildschirms", Seite 67).

Der Startbildschirm setzt sich aus folgenden Elementen zusammen:

▶ **Die Statusleiste** am oberen Bildrand zeigt die Uhrzeit und mit Symbolen wichtige Informationen an.

▶ **Darunter ist der große Bereich** für App-Verknüpfungen und Widgets. Samsung zeigt dort ab Werk in der Regel das Wetter-Widget, die Google-Suchleiste und Verknüpfungen zu einigen vorinstallierten Apps an.

▶ **Das Anwendungs-Dock** unten nimmt die Apps auf, die auf jedem Startbildschirm verfügbar sein sollen.

▶ **Die Navigationsleiste** mit dem Button für den schnellen *Wechsel zwischen Anwendungen*, dem *Home-Button* und dem *Zurück-Button*.

Die Statusleiste

Die Statusleiste informiert Sie mittels Symbolen über wichtige Funktionen und Benachrichtigungen. Ganz rechts wird die aktuelle Uhrzeit angezeigt. Ganz links gibt ein *Batterie*-Symbol Auskunft über den Ladestand des Akkus. Links davon sehen Sie Symbole für die aktive Internetverbindung, die mobile Datenverbindung und/oder die aktive WLAN-Verbindung.

Es werden, falls aktiv, auch Symbole für *Bluetooth*, den (*stummgeschalteten*) *Lautsprecher*, *aktive Downloads*, *verpasste Anrufe* und *Benachrichtigungen von Apps* angezeigt.

Die Schnellzugriffe

Wischen Sie von oben nach unten über die Statusleiste, um die Schnellzugriffe einzublenden. Ziehen Sie den unteren Rand der Schnellzugriffe weiter nach unten, um noch mehr Symbole anzuzeigen. Weitere Symbole erscheinen durch Wischen von rechts nach links. Mithilfe der Schnellzugriffe können Sie durch einfaches Antippen beispielsweise *WLAN* oder *Bluetooth* ein- und ausschalten, das Telefon *stummschalten*, die *Taschenlampe* ein- und ausschalten oder den *Blau-*

filter aktivieren. Wenn Sie ein Symbol antippen und halten, öffnen sich indes die zugehörigen Einstellungen, um beispielsweise ein neues WLAN hinzuzufügen oder den Energiesparmodus zu konfigurieren.

Mit dem *Regler* unterhalb der Symbole verändern Sie die Bildschirmhelligkeit. Tippen Sie für weitere Optionen auf den *nach unten gerichteten Pfeil* daneben. Hier können Sie nun die automatische oder adaptive Helligkeitssteuerung deaktivieren, was aber meist nicht nötig ist.

Das *Zahnrad*-Symbol in der rechten oberen Ecke ist eine Abkürzung zur *Einstellungen*-App. Links daneben ist das Symbol zum Ausschalten des Geräts.

Sind die Schnellzugriffe vollständig geöffnet, werden zudem *drei Punkte* angezeigt, die in jeder Samsung-App das Menü öffnen und Zugriff auf weitere Einstellungen bieten. Im Fall der Schnellzugriffe können Sie die Symbole neu anordnen oder die Zahl der angezeigten Symbole ändern.

Benachrichtigungen

Zusammen mit den Schnellzugriffen blenden Sie auch die zu den Symbolen auf der linken Seite der Statusleiste gehörenden Benachrichtigungen ein. Ein Klick auf eine Benachrichtigung führt Sie zu der jeweiligen App. Wischen Sie über die Benachrichtigung (egal in welche Richtung), um sie zu löschen, ohne zu der App zu wechseln. Stattdessen können Sie aber auch auf eine freie Stelle des Startbildschirms tippen. Dann wird die Benachrichtigung geschlossen und bleibt erhalten.

Wenn Sie eine Benachrichtigung nur ein wenig mit dem Finger verschieben, werden zwei Symbole sichtbar. Über das *Zahnrad* können Sie die Einstellungen für diese Benachrichtigung sofort ändern.

▶ Tippen Sie auf die *Glocke*, um alle Benachrichtigungen für diese App vorübergehend stummzuschalten.

▶ Tippen Sie auf den *oberen Regler*, um alle Benachrichtigungen der App grundsätzlich zu deaktivieren.

▶ Mit dem *unteren Regler* schalten Sie lediglich diesen Benachrichtigungstyp der App ab – zu allen anderen Ereignissen der App werden Sie weiterhin benachrichtigt.

▶ Bestätigen Sie eine vorgenommene Änderung mit *Speichern*.

Weitere Informationen zum Konfigurieren von App-Benachrichtigungen finden Sie übrigens ab Seite 74.

Der App Drawer – die Übersicht zu allen Apps

Mit einem Wisch von oben nach unten oder unten nach oben über den Startbildschirm öffnen Sie den App Drawer – das Wiederholen dieser Geste bringt Sie übrigens jederzeit zum Startbildschirm zurück. Er bietet Ihnen eine Übersicht über alle installierten Apps. Wenn Sie viele Apps gespeichert haben, erstreckt er sich über mehrere Seiten, die Sie mit einer Wischgeste von rechts nach links aufrufen. Wischen in die andere Richtung erlaubt es, durch die einzelnen Seiten des App Drawers zu blättern. Die Punktmarkierung am unteren Bildrand zeigt stets an, auf welcher Seite Sie sich befinden. Eine Anleitung für die Einrichtung des App Drawers finden Sie unter „Apps platzieren", Seite 61.

Die Navigationsleiste

Das letzte wichtige Bedienelement bildet die Navigationsleiste am unteren Bildrand.

❶ **Das linke Symbol** zeigt eine Übersicht mit den zuletzt geöffneten Apps. Durch Wischen nach links und rechts blättern Sie durch die Liste. Tippen Sie ei-

nen Eintrag an, um die App in den Vordergrund zu holen beziehungsweise zu öffnen. Über *Alle schließen* löschen Sie die Liste der zuletzt geöffneten Apps. Die in der Liste gezeigten Apps sind übrigens nicht automatisch im Hintergrund aktiv.

❷ Das mittlere Symbol ist der *Home-Button*. Er ruft jederzeit den Startbildschirm auf.

❸ Der rechte Button bringt Sie zurück zum vorherigen Bildschirm oder Menü oder auch zur zuvor betrachteten Website.

Der Sperrbildschirm

Bei längerer Inaktivität schaltet Ihr Galaxy-Smartphone automatisch das Display ab. Schalten Sie es wieder ein, gelangen Sie zunächst auf den im Hintergrund ebenfalls aktivierten Sperrbildschirm.

Das Display schalten Sie über die Funktionstaste wieder ein. Bei den Premium-Modellen wie Galaxy S10, S20 und S21 können Sie alternativ auch doppelt auf den Bildschirm tippen. Um das Telefon zu nutzen, müssen Sie es nun noch mit Ihrer gewählten Sicherheitsmethode entsperren – also Ihren Fingerabdruck hinterlassen, ein Muster zeichnen, einen Zahlencode eingeben oder Ähnliches.

Sie können zwei vordefinierte Anwendungen starten, ohne das Gerät vorher zu entsperren. Ab Werk sind das die Telefon-App und die Kamera. Darüber hinaus informiert Sie der Sperrbildschirm über wichtige Nachrichten und Ereignisse.

Wenn Sie wissen wollen, wie Sie den Sperrbildschirm personalisieren, schlagen Sie bitte Seite 70 auf.

Weitere wiederkehrende Bedienelemente

Es gibt zwar keine einheitlichen Standards für Bedienelemente von Smartphone-Apps, aber einige Dinge haben sich dennoch im Lauf der Zeit unabhängig vom Anbieter oder Entwickler der App etabliert.

Dazu gehört beispielsweise das *Hamburger*-Symbol zum Aufruf des App-Menüs. Bei Samsung-Apps wird es in Form von *drei übereinander angeordneten Punkten* dargestellt, die in der rechten oberen Ecke zu finden sind. Google setzt indes auf drei übereinanderliegende Balken, die schon eher an das namensgebende Gericht erinnern und stets links oben zu finden sind. Die drei Balken nutzt Samsung in einigen Apps zusätzlich zu den drei Punkten für ein zweites Menü. Andere Entwickler verwenden drei nebeneinander angeordnete Punkte.

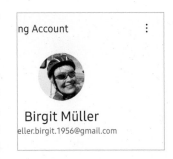

Allerdings geht Google seit Kurzem dazu über, das *Menü* hinter da *Profilbild*, meist in der oberen rechten Ecke, zu legen. Tippen Sie auf Ihr Bild (oder Ihr Initial, wenn kein Bild vorhanden ist), um in das Menü zu wechseln.

Darüber hinaus setzen viele Apps auf Registerkarten (auch Tabs genannt), um eine App in verschiedene Bereiche aufzuteilen. Die Telefon-App beispielsweise kennt Registerkarten für das Anrufprotokoll und die Kontakte. Die Registerkarten befinden sich oft am oberen Bildrand – bei Samsung mit der One UI inzwischen fast immer am unteren Bildrand, um die Bedienung mit dem Daumen zu erleichtern.

Ansonsten versuchen viele Anbieter, bereits bei Nutzerinnen und Nutzern etablierte Symbole und Bedienelemente zu übernehmen. So haben fast alle Browser *Pfeil*-Symbole für die Navigation vor und zurück. Sollte das Tippen auf ein Element nicht die gewünschte Aktion auslösen oder ein Bedienelement nicht erkennbar sein, versuchen Sie es mit Tippen und Halten oder mit Wischen.

Die Grund-funktionen

Mit Apps lässt sich der Funktionsumfang von Smartphones nahezu unbegrenzt erweitern. Und auch wenn Social Media, Fotografieren, Medien und Shopping inzwischen zu den beliebtesten Anwendungen gehören, können Smartphones ihre Herkunft und damit auch bestimmte Grundfunktionen wie Telefon, SMS, Kalender und Adressbuch bis heute nicht verleugnen.

Die Anruf-App: Telefon

Das Telefonieren – also unterwegs erreichbar sein und jederzeit selbst anrufen können – ist wohl immer noch die wichtigste Funktion eines Smartphones. Wohl auch deswegen platziert Samsung die Telefon-App ab Werk im Anwendungs-Dock, und zwar ganz nach links und damit an erster Stelle. Grundsätzlich haben Sie drei Möglichkeiten, Anrufe zu starten:

▶ über die *Wähltastatur*
▶ aus der *Anrufliste* heraus
▶ durch Auswahl eines *Kontakts*

Die klassische Methode: Wähltastatur

Beim ersten Start der App sollte direkt die Tastatur angezeigt werden. Ansonsten können Sie sie jederzeit über die Registerkarte *Tastatur* am unteren Bildschirmrand aufrufen.

1 Geben Sie die gewünschte Rufnummer über die Tastatur ein.

2 Während der Eingabe werden Ihnen möglicherweise Vorschläge angezeigt. Ist die richtige Nummer dabei, können Sie sie durch Antippen auswählen.

3 Tippen Sie nach Eingabe der Telefonnummer auf das *Hörer*-Symbol, um den Anruf zu starten.

4 Korrigieren Sie Ihre Eingabe mit der *Löschtaste* rechts vom *Hörer*-Symbol.

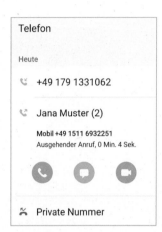

5 Alternativ starten Sie mit dem *Kamera*-Symbol links vom *Hörer*-Symbol ein Videotelefonat.

Die Anrufliste

In der Anrufliste, die Sie über die Registerkarte *Letzte* am unteren Bildrand aufrufen, werden alle Telefonate gespeichert, egal ob ankommend oder ausgehend. Auch die verpassten Anrufe finden Sie hier.

▶ **Einen Anruf, den Sie gestartet haben,** erkennen sie am *Hörer*-Symbol mit dem nach rechts oben zeigenden Pfeil.

▶ **Ein angenommenes Gespräch** hat folglich einen Pfeil, der auf den Hörer zeigt.

▶ **Das rote Hörersymbol** mit dem gekrümmten Pfeil wiederum steht für einen verpassten Anruf.

▶ **Tippen Sie auf den Eintrag,** um sich die zugehörige Nummer anzeigen zu lassen.

▶ **Darunter sehen Sie** Symbole für *Telefonanruf*, *SMS* und *Videotelefonat* – ein Tippen auf eines der Symbole löst die entsprechende Aktion aus.

▶ **Alternativ können Sie** auch über einen Eintrag in der Anrufliste wischen: Von links nach rechts startet einen Anruf, von rechts nach links öffnet den Dialog zum Schreiben einer SMS (siehe „Die SMS-App: Nachrichten", Seite 34).

Die Kontakteliste

Die Telefon-App hält auch eine Liste aller auf Ihrem Smartphone verfügbarer Kontakte für Sie bereit. Auch hier gilt wieder:

▶ **wischen nach rechts:** Anruf starten

▶ **wischen nach links:** SMS schreiben

▶ **antippen:** Details einblenden, um zu telefonieren, eine SMS zu schreiben oder einen Videoanruf zu führen

Die Details eines Kontakts lassen sich mit einem Klick auf sein *Symbol/Profilbild* einblenden. Auch aus dieser Ansicht heraus können Sie einen Anruf starten oder eine SMS schreiben. Zudem können Sie, falls der Kontakt mehrere Telefonnummern hat, eine Standard-Nummer festlegen, die gewählt wird, wenn Sie in der Listenansicht über den Eintrag wischen. Tippen und Halten sie die gewünschte Nummer und wählen Sie *Als Standard festlegen*. Die Standardnummer wird anschließend durch einen blauen Haken markiert.

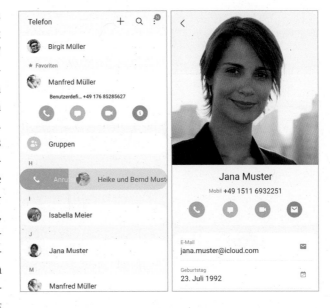

Über das Suchfeld am oberen Bildrand (*Lupen*-Symbol) können Sie eine Person oder eine Nummer suchen – es werden auch Einträge in der Anrufliste berücksichtigt, die nicht im Adressbuch gespeichert sind. Die *drei Punkte* rechts der Lupe öffnen das Menü. Darüber legen Sie Kurzwahlnummern für Telefonnummern fest oder ändern die Einstellungen der Telefon-App (siehe „Einstellungen der Telefon-App", Seite 33).

Ausgehendes Telefonat

Sobald Sie den Wahlvorgang starten, stehen Ihnen mehrere Optionen zur Verfügung:

► Tippen Sie auf *Bluetooth*, um eine Verbindung zu einer Freisprecheinrichtung oder einem Headset herzustellen.

▶ Über das *Lautsprecher*-Symbol aktivieren Sie die interne Freisprecheinrichtung Ihres Smartphones.

▶ Mit einem Klick auf *Tasten* blenden Sie die Wähltastatur ein, um beispielsweise den Telefonassistenten einer Hotline oder Ihre Mailbox zu steuern.

Wurde das Gespräch angenommen, können Sie zusätzlich einen weiteren Teilnehmer zu dem Anruf hinzufügen (*+*-Zeichen), einen Videoanruf mit dem Teilnehmer starten (*Kamera*-Symbol) oder das *Mikrofon* stummschalten. Das *rote Hörer*-Symbol beendet das Telefonat. Außerdem wird rechts oben bei laufendem Gespräch ein Menü (*drei Punkte*) angeboten, über das sich der Anruf halten oder die Details des Kontakts einblenden lassen. Außerdem können Sie, während Sie telefonieren, dem Kontakt auch eine Nachricht senden.

Eingehendes Telefonat

Klingelt Ihr Telefon im gesperrten Zustand, müssen Sie das *grüne Hörer*-Symbol nach rechts ziehen, um das Gespräch anzunehmen. Ziehen Sie das *rote Hörer*-Symbol nach links, um den Anruf abzuweisen. Ist das Gerät entsperrt, blendet es stattdessen eine Benachrichtigung am oberen Bildrand ein, über die Sie den Anruf beantworten oder ablehnen können. Sobald Sie das Gespräch angenom-

men haben, stehen Ihnen dieselben Funktionen wie bei einem ausgehenden Telefonat zur Verfügung.

Einstellungen der Telefon-App

Unabhängig von der gewählten Registerkarte (*Tastatur*, *Letzte*, *Kontakte*) können Sie über das Menü rechts oben (*drei Punkte*) die Einstellungen der App aufrufen. Hier richten Sie unter anderem die Rufnummernsperre ein, um von bestimmten Nummern keine Anrufe zu erhalten. Die zu sperrenden Nummern können frei eingegeben oder auf der Anrufliste sowie den Kontakten ausgewählt werden. Die Funktion *Anrufe-ID und Spam-Schutz* soll Sie aktiv vor unerwünschten Anrufen schützen. Sie basiert allerdings auf einem Dienst eines Drittanbieters, der dafür auf Ihre Kontakte- und Anrufdaten zugreift.

Sie können auch festlegen, wie Sie Anrufe beantworten und beenden wollen. Ihr Smartphone sagt auf Wunsch während des Klingelvorgangs den Namen des Anrufers an oder nimmt Anrufe auch automatisch nach einer voreingestellten Zeit entgegen. Außerdem ist möglich, Anrufe mit der *Lauter*-Taste anzunehmen und mit der *Funktionstaste* zu beenden.

Viele Mobilfunkanbieter unterstützen zudem die Funktion *WLAN-Anrufe*. Ist sie aktiv, wird in der Statusleiste ein *Hörer*-Symbol mit den typischen *WLAN-Funkwellen* angezeigt. Nun telefonieren Sie, sobald eine Verbindung mit einem WLAN-Netz besteht, über das drahtlose Netzwerk und nicht über das Mobilfunknetz. Diese Technik soll vor allem die Erreichbarkeit in Gebäuden verbessern. Bitte beachten Sie, dass für WLAN-Telefonate unter Umständen besondere Regeln gelten, die auch von Ihrem Tarif abhängig sein können.

Anrufbeantworter bzw. Mailbox einrichten

Ihr Smartphone hat selbstverständlich auch einen Anrufbeantworter. Je nach Einstellung landen Anrufer dort, falls Sie nicht erreichbar sind, das Gespräch ablehnen oder Sie bereits im Gespräch sind. Unter welchen Bedingungen Anrufe auf der Mailbox landen, müssen Sie über Ihren Mobilfunkanbieter konfigurieren. In der Telefon-App legen Sie allerdings fest, wann und wie Sie über neue Nachrichten auf Ihrem Anrufbeantworter informiert werden.

Anrufbeantworter bzw. Mailbox abhören

Befinden sich Nachrichten auf Ihrer Mailbox, werden Sie in der Regel von Ihrem Mobilfunkanbieter per SMS informiert. Darüber hinaus sollte das Symbol der Telefon-App durch eine Zahl anzeigen, wie viele Anrufe Sie verpasst haben. Es wird Ihnen außerdem eine Benachrichtigung angezeigt. Tippen und halten Sie die 1 auf der Wähltastatur, um Ihre Mailbox anzurufen und Nachrichten abzuhören.

Die SMS-App: Nachrichten

Direkt neben die Telefon-App platziert Samsung im Anwendungs-Dock inzwischen die Google-App Messages statt der eigenen Nachrichten-App. Die finden Sie aber weiterhin im App Drawer. Der Funktionsumfang ist sehr ähnlich – Google integriert jedoch zusätzliche Dienste wie seinen Videochat Duo. Nach dem Start der

Nachrichten-App können Sie diese als Standard-App für SMS festlegen. Anschließend präsentiert sie Ihnen zwei Registerkarten.

Konversationen

Hier finden Sie alle gesendeten und empfangenen Nachrichten. Tippen Sie auf eine Nachricht, um die Konversation zu öffnen und eine Nachricht an den Absender der SMS zu schicken oder die Konversation zu löschen.

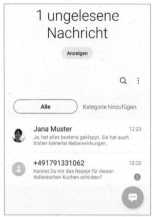

Kontakte

Wählen Sie eine Person aus dem Adressbuch aus, um ihr eine SMS zu schicken. Eventuell werden Sie zuerst aufgefordert, eine Standardnummer zu wählen, die stets für SMS an diese Person benutzt wird.
Alternativ tippen Sie auf das *blaue Nachrichten*-Symbol in der rechten unteren Ecke, um den Dialog für eine neue Nachricht zu öffnen.

SMS schreiben

Wählen Sie zuerst einen oder mehrere Empfänger aus, indem Sie Namen oder Telefonnummern in das Feld am oberen Bildrand eingeben. Oder Sie tippen auf das *Plus*-Symbol rechts neben dem Eingabefeld, um das Telefonbuch zu öffnen. Falls Sie mehrere Kontakte auswählen, beenden Sie den Vorgang mit einem Klick auf *Fertig* am unteren Bildrand.

1 In das untere Feld können Sie nun den Nachrichtentext eingeben. Tippen Sie auf das Emoji-Symbol am rechten Rand des Eingabefelds, um ein Emoji oder eine andere Grafik einzufügen.

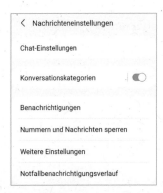

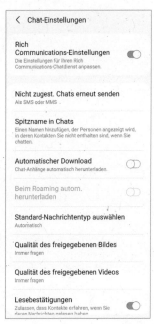

2 Den Sendevorgang schließen Sie mit Antippen des Senden-Symbols ab.

Einstellungen der SMS-App

Sie sind wie in jeder Samsung-App über die *drei Punkte* rechts oben erreichbar. Legen Sie bei Bedarf fest, wie Sie von der App benachrichtigt werden. Weitere Details finden Sie unter „Benachrichtigungen auf dem Sperr-bildschirm", Seite 72, und „Benachrichtigungen von Apps anpassen", Seite 74. Sie können aber auch, wie bei der Telefon-App, bestimmte Nummern sperren. Die *Weiteren Einstellungen* sollten Sie nur nach Anweisung Ihres Mobilfunkanbieters verändern. Hier ist lediglich ein Punkt interessant, zumindest falls Sie sehr viele SMS senden und empfangen. Es gibt eine Obergrenze für die Speicherung von Kurznachrichten. Die App speichert nur 1000 SMS und 100 MMS und mit Über-schreiten dieser Grenze werden die ältesten Nachrich-ten automatisch gelöscht. Ist diese Option nicht aktiv, kann es sein, dass Sie irgendwann keine SMS empfan-gen können und manuell Nachrichten löschen müssen. Wichtig sind außerdem die Chat-Einstellungen. Ab Werk ist nämlich der Punkt Rich-Communications-Ein-stellungen aktiv. Dahinter verbirgt sich der geplante Nachfolger der SMS namens Rich Communications Ser-vices, der auch den Versand von Sprachnachrichten und Bildern erlaubt. Hier ist allerdings Folgendes zu be-achten: Es gibt keine einheitlichen Regeln für die Ab-rechnung von RCS. Meist werden sie wie SMS bzw. regu-lärer Datenverkehr behandelt. Unter Umständen können aber Zu-satzkosten entstehen. Wenden Sie sich diesbezüglich an Ihren Mo-bilfunkanbieter oder schalten Sie die Rich-Communications-Ein-stellungen ab.

Die Browser-App: Internet

Eine der wenigen Apps, die Samsung auch für Smartphones anderer Hersteller anbietet, ist der hauseigene Browser, der schlicht auf den Namen *Internet* hört. Eigentlich ist er nur eine Variante von Google Chrome, die Samsung jedoch mit einigen interessanten Zusatzfunktionen versieht – weswegen *Internet* auch außerhalb der Samsung-Welt immer mehr Freunde findet. Bevor Sie also Chrome zu Ihrem Standardbrowser machen, sollten Sie Internet zumindest eine Chance geben. Auf dem Galaxy S21 ist der Browser nicht nur vorinstalliert, er ist auch bereits im Dock angeheftet. Beim ersten Start können Sie Internet auch direkt zum Standardbrowser machen, indem Sie auf Fortsetzen tippen.

Im Internet surfen

Auf den ersten Blick hat Samsung das Design von Chrome nicht großartig verändert.

▶ **Am oberen Bildrand** befindet sich die Adressleiste, in die Internetadressen und Suchbegriffe eingegeben werden.

▶ **Am unteren Bildrand** bietet Internet eine Symbolleiste, die den Zugriff auf wichtige und häufig genutzte Funktionen vereinfacht.

Eine Webseite aufrufen

Tippen Sie in die Adressleiste am oberen Bildrand und geben Sie über die Tastatur, die sich automatisch öffnet, den Namen der Webseite ein, die Sie besuchen wollen. Beenden Sie die Eingabe mit *Öffnen*. Sie können auch auf einen der während der Eingabe erscheinenden Vorschläge tippen und ihn mit *Öffnen* bestätigen oder gar auf das *Mikrofon* am rechten Rand der Adressleiste tippen, falls Sie den Namen der Webseite per Sprache eingeben wollen.

Das *Schloss*-Symbol neben dem Namen der Webseite zeigt übrigens an, dass die Verbindung zwischen Internet und der Seite verschlüsselt ist. Zudem wird dadurch bestätigt, dass Sie tatsächlich mit der gewünschten Seite und nicht mit einer Fälschung verbunden sind. Dies ist besonders wichtig, falls Sie im Internet einkaufen oder Bankgeschäfte erledigen.

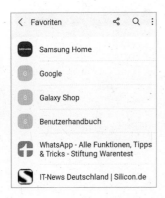

Die Lieblings-Webseiten: Lesezeichen

Seiten, die Sie häufig besuchen oder sich einfach nur für eine spätere Verwendung „merken" wollen, können Sie zu den Lesezeichen bzw. Favoriten hinzufügen.

1 Tippen Sie dafür einfach auf den *Stern* in der Adressleiste.

2 Dieser färbt sich anschließend gelb ein und zeigt so an, dass diese Seite zu den Favoriten gehört.

3 Die gespeicherten Favoriten rufen Sie über das *Stern*-Symbol in der Symbolleiste am unteren Bildrand auf.

▶ Die *Symbolleiste* ermöglicht vor allem die Navigation vor und zurück (Pfeiltasten am linken Rand).

▶ Das *Haus*-Symbol ruft die voreingestellte Startseite auf.

▶ Rechts daneben ist das *Stern*-Symbol für die Favoriten.

▶ Zudem können Sie **mehrere Registerkarten** gleichzeitig nutzen, indem Sie auf das *Tab*-Symbol rechts neben dem *Favoriten*-Symbol tippen. Durch Wischen nach rechts schließen Sie einzelne geöffnete Registerkarten. Oder Sie tippen auf die *drei Punkte* oben rechts und wählen *Alle Registerkarten schließen*.

Zum Schutz der Privatsphäre: Der geheime Modus

Die Tab-Übersicht ist auch der Zugang zum geheimen Modus. Bei dessen erster Verwendung legen Sie bitte fest, ob Sie ihn mit einem Passwort sperren wollen. Im geheimen Modus wird vor allem der Browserverlauf nicht gespeichert. Wird der geheime Modus beendet, löscht *Internet* alle während der Sitzung gespeicherten Daten.

Sobald Sie jedoch ein Passwort für den geheimen Modus vergeben haben, was unter Chrome übrigens nicht möglich ist, können Sie eine geheime Browsersitzung unterbrechen und zu einem späteren Zeitpunkt fortsetzen. In dem Fall bleibt die Sitzung aktiv – sie ist aber weiterhin „geheim", weil durch Ihr Passwort geschützt.

Personalisierung des Browsers

Sie können den Samsung-Browser selbstverständlich auch an Ihre Wünsche und Vorlieben anpassen.

1 Als Erstes widmen wir uns der individuellen Startseite. Rufen Sie dafür über das Menü die *Einstellungen* des Browsers auf.

2 Tippen Sie auf *Startseite*.

3 Wählen Sie *Schnellzugriff*.

4 Deaktivieren Sie bei Bedarf den voreingestellten Nachrichten-Feed.

5 Verlassen Sie mit der *Zurück*-Taste das Menü und beenden Sie über das *Tab*-Symbol alle geöffneten Registerkarten.

6 Tippen Sie nun auf *Neue Registerkarte*, um die Schnellzugriffe einzublenden.

7 Dort sind bereits verschiedene Seiten hinterlegt. Tippen und halten Sie ein Symbol, um den Bearbeitungsmodus zu aktivieren – oder tippen Sie rechts oben auf *Bearbeiten*.

8 Markieren Sie die Symbole, die Sie löschen wollen, durch Antippen, und bestätigen Sie den Vorgang durch *Löschen*.

9 Tippen Sie nun auf das *Plus*-Zeichen, um den Schnellzugriffen eine beliebige Seite hinzuzufügen. Die Eingabe schließen Sie mit *Speichern* ab.

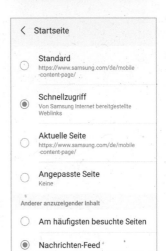

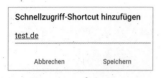

10 Alternativ können Sie auch eine Webseite aufrufen und anschließend in die Adressleiste tippen, um die Schnellzugriffe von dort zu bearbeiten – ein Klick auf *Hinzufügen* legt einen Schnellzugriff für die aktuelle Seite an. Diese Methode ist vor allem für Unterseiten einer Webseite geeignet.

Das Browser-Menü

Über das Menü greifen Sie direkt auf die Lesezeichen, die Downloads, den Verlauf und Gespeicherte Seiten zu. Den Funktionsumfang von *Internet* können Sie zudem mit Add-ons erweitern.

▶ **Der Amazon Assistant** hilft Ihnen, im Internet gefundene Produkte bei Amazon zu kaufen. Er schlägt Ihnen möglicherweise aber auch vor, Dinge bei Amazon zu erwerben, für die Sie sich gar nicht interessieren.

▶ **Der Übersetzer** unterstützt Sie bei der Nutzung fremdsprachiger Webseiten.

▶ *Mehr Add-ons herunterladen* führt Sie vom Add-ons-Menü zum Galaxy Store, das derzeit nur vier Erweiterungen bereithält. Interessant ist der Reputationsservice *Web Of Trust* (WOT), der Sie aktiv vor möglicherweise gefährlichen Webseiten warnt.

Ohne Online-Anzeigen surfen mit Werbesperren

Die Werbesperren im Online-Menü erlauben es Ihnen, einen Ad-Blocker zu installieren bzw. diesen bei Bedarf aus- und wieder einzuschalten.

1 Laden Sie einen der angebotenen Werbeblocker über das *Download*-Symbol (nach unten gerichteter Pfeil) herunter. Eine Empfehlung ist AdBlock Plus des deutschen Anbieters Eyeo.

2 Ein aktiver Werbeblocker erscheint anschließend oberhalb der von Samsung empfohlenen Anbieter.

3 Tippen Sie auf den *Regler*, um den Werbeblocker bei Bedarf auszuschalten. Einige Webseiten verweigern Ihnen möglicherweise bei aktivem Werbeblocker den Zugriff auf ihre Inhalte.

Die Browser-Einstellungen

Weitere Anpassungen nehmen Sie über die *Einstellungen* im Browser-Menü vor.

▶ **Aktivieren Sie** den Punkt *Samsung Cloud*, um Lesezeichen, Schnellzugriffe und andere Browserdaten mit Samsungs Servern zu synchronisieren – und damit auch zu sichern. Beim Wechsel von einem Samsung-Smartphone zum anderen werden automatisch die Daten auf das neue Gerät übertragen. Bei Bedarf sollten Sie die Synchronisation auf WLAN beschränken.

▶ **Außerdem können Sie** über den Punkt *Datenschutz und Sicherheit* die Browserdaten löschen, nachträglich die Sperre für den geheimen Modus festlegen oder ändern, das Smarte Anti-Tracking einschalten und sich vor schädlichen Webseiten warnen lassen.

▶ **In den** *Nützlichen Funktionen* können Sie einstellen, dass Videos auf Webseiten nie automatisch starten, was Ihr Datenvolumen unterwegs entlastet. Der Videoassistent blendet indes eine zusätzliche Schaltfläche ein, mit der sich Videos im Vollbildmodus öffnen lassen.

▶ **Auch der** *QR-Code-Scanner* lässt sich hier aktivieren.

Die Adressbuch-App: Kontakte

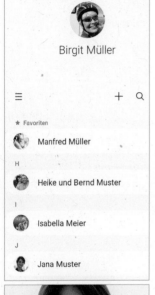

Adressen, die Sie möglicherweise bereits in einem Google- oder Samsung-Konto hinterlegt haben, werden automatisch in der Kontakte-App gespeichert, die Sie im App Drawer finden. Die App übernimmt zudem Online-Adressbücher anderer Anbieter wie Microsoft. Sie können aber auch ein rein lokales Adressbuch nutzen, das nicht mit einem Online-Anbieter synchronisiert wird.

Speicherort: Telefon, SIM oder online?

Kontakte auf dem *Telefon* zu speichern, empfiehlt sich nicht: Bei einem technischen Defekt sind diese Daten verloren. Die *SIM* kann dabei zwar oft noch gerettet und in das nächste Gerät eingesetzt werden, nicht so jedoch bei Verlust oder Diebstahl.

Der große Vorteil eines *Onlinekontos* ist, dass Sie Ihre Kontakte nur ein einziges Mal erfassen müssen und sie Ihnen anschließend überall zur Verfügung stehen: auf Ihrem Smartphone, Tablet, PC, Notebook oder jedem anderen Gerät mit Browser und Internetzugang. Kaufen Sie ein neues Gerät, müssen Sie lediglich das Konto einrichten – die Kontakte (und andere Daten) landen danach automatisch auf dem Gerät.

Auch sind die Kontakte stets automatisch gesichert. Selbst bei Verlust oder Diebstahl des Smartphones gehen keine Daten verloren.

Im Gegenzug müssen Sie Ihre Kontakte allerdings einem Drittanbieter anvertrauen, wobei große Anbieter wie Google, Microsoft und Samsung, trotz aller auch berechtigten Kritik am Umgang mit unseren Daten, als vertrauenswürdig eingestuft werden sollten.

Adressen bearbeiten

Beim Start zeigt Ihnen die Kontakte-App im oberen Bereich Ihr Profil an. Darunter befindet sich das Suchfeld mit den Menü-Buttons (*drei Striche links*, *drei Punkte rechts*) und der QR-Code-Funktion sowie die eigentliche Kontakte-Liste.

▶ **Tippen Sie auf einen Eintrag,** um sich die Details anzeigen zu lassen.

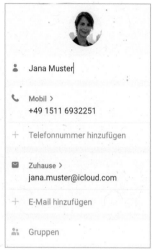

▶ **Über die Symbole** *Telefon*, *SMS*, *Videoanruf* und *E-Mail* können Sie direkt mit der Person kommunizieren.

▶ **Darunter sehen Sie,** welche Informationen wie Telefonnummern, E-Mail-Adressen, Anschriften oder auch Geburtstag hinterlegt sind.

▶ **Tippen Sie in der Menüleiste** am unteren Bildrand auf *Bearbeiten*, um die Informationen zu ändern, zu löschen oder weitere Daten hinzuzufügen. Sie können beispielsweise auch zwischen privaten und geschäftlichen Daten unterscheiden oder auch einen Hochzeitstag erfassen. Die Bearbeitung des Kontakts schließen Sie mit *Speichern* ab.

▶ **Tippen Sie ganz unten** auf *Verlauf*, um eine Liste der Telefonate, SMS und E-Mails mit dieser Person anzuzeigen.

Die Bedienung der Kontakte-App entspricht ansonsten der Telefon-App. Wischen Sie von links nach rechts über einen Eintrag, um den Kontakt anzurufen. Ein Wisch von rechts nach links erzeugt eine neue SMS.

Einen neuen Kontakt erfassen

Wenn Sie eine Person zu Ihrem Adressbuch hinzufügen wollen, müssen Sie auf das *Plus*-Zeichen oben rechts tippen.

1 Markieren Sie, wo der Kontakt gespeichert werden soll – lokal oder in einem Online-Konto.

2 Geben Sie nun alle Daten wie Name, Telefonnummer, Anschrift oder E-Mail-Adresse in die vorgesehenen Felder ein.

3 Tippen Sie beispielsweise bei einer Telefonnummer auf *Mobil*, um die Art des Anschlusses festzulegen.

4 Tippen Sie auf *Mehr* anzeigen, um weitere Daten wie Geburts- und Hochzeitstag zu erfassen.

5 Über das *Kamera*-Symbol ganz oben lässt sich auch ein Profilfoto hinterlegen. Wählen Sie zwischen einer der vorgeschlagenen Grafiken, einem Bild aus der Galerie oder der Kamera, um ein Foto der Person aufzunehmen.

6 Schließen Sie die Eingabe mit *Speichern* ab.

Eigenes Profil anlegen und bearbeiten

Sollten Sie bei der Ersteinrichtung des Samsung-Kontos kein Profil angelegt haben, können Sie dies nun nachholen. Tippen Sie dafür auf Ihren Namen oberhalb der Kontaktliste und anschließend auf *Bearbeiten*.

1 Starten Sie über das *Kamera*-Symbol die Kamera und nehmen Sie ein Foto oder ein Selbstportrait auf, um es als Profilfoto zu verwenden. Alternativ können Sie auch auf *Galerie* tippen und dort ein Foto auswählen oder eines der vorgeschlagenen Profilbilder verwenden.

2 Geben Sie die persönlichen Details ein, die Sie in Ihrem Profil hinterlegen wollen.

3 Nun können Sie noch persönliche Beziehungen zu Personen in Ihrem Adressbuch eingeben oder medizinische Notfallinformationen hinterlegen. Letzteres dürfte bei einem Notfall allerdings wenig hilfreich sein. Einerseits interessieren sich Ersthelfer nicht für Ihr Smartphone, andererseits ist das Gerät durch eine PIN-Nummer gesichert. Die Eingabe eines ICE-Notfallkontakts kann jedoch sinnvoll sein. Ihr Smartphone unterstützt nämlich eine Notruffunktion, mit der Sie an dieser Stelle hinterlegte Kontakte in einem Notfall anrufen können. Mehr dazu auf Seite 172.

4 Zum Abschluss der Eingaben tippen Sie am unteren Bildrand auf *Speichern*.

5 Künftig können Sie jederzeit auf Ihr Profil tippen, um es anzuzeigen oder zu bearbeiten.

Verwalten von Kontakten

Die *Kontaktverwaltung* finden Sie im linken Menü (*drei Balken*) der Kontakte-App. Dort können Sie doppelte *Kontakte zusammenführen*, lokal gespeicherte Einträge in ein Google- oder Samsung-Konto verschieben, eine manuelle *Synchronisation* anstoßen und den *Standardspeicherort für neue Kontakte* festlegen. Der Standardspeicherort sollte das von Ihnen bevorzugte Onlinekonto sein – oder, falls Sie sich gegen die Cloud-Nutzung entschieden haben, das Telefon.

Kontakte importieren

Falls Sie bereits ein elektronisches Adressbuch haben, das aber nicht mit einem Online-Konto verknüpft ist, können Sie es unter Umständen auf Ihr Smartphone übertragen. Voraussetzung ist, dass das Adressbuch das sogenannte vCard-Format (VCF-Datei) unterstützt.

In dem Fall können Sie Ihre Adressen in eine VCF-Datei exportieren, die Datei auf Ihr Smartphone kopieren und anschließend über die Kontaktverwaltung importieren.

Einstellungen der Kontakte-App

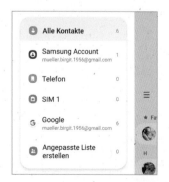

Im linken Menü zeigt Ihnen die App an, wie viele und welche Kontakte aktuell angezeigt werden. Voreinge-

stellt sind *Alle Kontakte*. Tippen Sie darauf, um nur die Kontakte eines bestimmten Kontos anzuzeigen oder eine angepasste Kontaktliste zu erstellen.

Weitere Optionen erreichen Sie über das *Zahnrad* oben rechts im *Menü*. Es lassen sich die Sortierreihenfolge und das Namensformat einstellen. Ab Werk sortiert die App alle Kontakte nach dem Vornamen. Sie können auch festlegen, dass am Anfang der Adressliste die häufig kontaktierten Personen angezeigt werden.

Die Termine-App: Kalender

Termine lassen sich selbstverständlich auch mit einem Smartphone verwalten. Samsung spendiert dafür die *Kalender* genannte App, die Sie im App Drawer finden. Sie bietet eine Übersicht über alle Termine und erinnert Sie auf Wunsch auch an bestimmte Ereignisse. Die Bedienung ähnelt zudem den bereits besprochenen Samsung-Apps: Tippen Sie also auf das *Plus*-Zeichen unten rechts, um einen neuen Termin zu erfassen.

1 Geben Sie dem Termin einen Namen.

2 Tippen Sie auf den *Kreis* rechts neben dem Eingabefeld, um dem Termin eine Farbe zuzuordnen, beispielsweise blau für privat und rot für geschäftlich.

3 Legen Sie Beginn und Ende des Termins (Datum und Uhrzeit) fest. Die App unterstützt auch ganztägige und mehrtägige Termine.

4 Wählen Sie den Kalender aus, in dem der Termin gespeichert werden soll. *Eigene Kalender* ist der lokale Kalender, der nicht mit der Cloud synchronisiert wird.

Ansonsten bietet jedes Online-Konto einen eigenen Kalender.

5 Lassen Sie sich vorab an einen Termin erinnern. Voreingestellt sind *10 Minuten vorher* – der Zeitraum lässt sich beliebig anpassen.

6 Über das *+-Zeichen* lassen sich auch mehrere Erinnerungen einrichten, auch zusätzlich per E-Mail.

7 Tippen Sie auf *Nicht wieder anzeigen*, um einen wiederkehrenden Termin einzugeben. Legen Sie dessen Intervall und die Laufzeit fest.

8 Geben Sie weitere Details wie *Ort* und *Notizen* ein.

9 Ein Klick auf *Speichern* schließt die Eingabe ab.

Der Termin erscheint nun in der Übersicht. Ein Klick darauf zeigt Ihnen die wichtigsten Details oder – je nach Ansicht – die Termine des Tages an. Die Ansicht ändern Sie über das *Menü* der App (*drei Balken* links oben). Zur Auswahl stehen *Jahres-*, *Monats-*, *Wochen-* und *Tageskalender*.

Mehrere Kalender verwalten Sie ebenfalls im Menü der App. Tippen Sie auf einen Kalender und entfernen Sie seinen Haken, falls dieser Kalender nicht in der App angezeigt werden soll.

In den Kalendereinstellungen (*Zahnrad* im Menü) konfigurieren Sie unter anderem die Kalenderfarben – jedem Kalender-Konto lässt sich eine eigene Farbe zuordnen, um beispielsweise persönliche Termine in einem

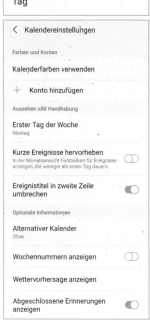

Konto von beruflichen Terminen in einem anderen Konto zu trennen und auf einen Blick zu unterscheiden. Stellen Sie außerdem ein, ob im Kalender Wochennummern oder eine Wettervorhersage angezeigt werden. Über die *Warnungseinstellungen* legen Sie fest, wann Sie sich standardmäßig an Termine und ganztägige Ereignisse erinnern lassen.

Die Mail-App: E-Mail

E-Mail-Einrichtung

E-Mail-Einrichtung

Die E-Mail ist auch im Messaging-Zeitalter ein unverzichtbares Kommunikationsmittel. Trotzdem verzichtet Samsung inzwischen zugunsten von Google Gmail und Microsoft Outlook darauf, seine eigene E-Mail-App auf dem Galaxy S21 vorzuinstallieren.

Eine gute Wahl ist die App trotzdem, weil sie im Gegensatz zu Gmail und Outlook auf keinen Anbieter ausgerichtet ist und zudem alle notwendigen Funktionen bietet. Laden Sie also *Samsung E-Mail* über den Galaxy Store herunter und rufen Sie die App über den App Drawer auf.

Beim ersten Start müssen Sie ein E-Mail-Konto einrichten. Unterstützt werden Anbieter wie Google Gmail, Yahoo Mail, Microsoft Outlook, Microsoft Exchange, Office 365 sowie jegliche POP3– und IMAP-Konten.

Einrichtung mit vorhandenem E-Mail-Konto

Besonders einfach kann ein Gmail-Konto hinzugefügt werden, da dieses ja bereits auf Ihrem Gerät eingerichtet ist.

1 Tippen Sie auf *Gmail* (G Suite ist die Business-Version) und gewähren Sie anschließend den Zugriff auf die Kontakte.

2 Danach wird Ihnen schon Ihr Google-Konto vorgeschlagen, das Sie nur noch durch Antippen auswählen müssen.

3 Anschließend bittet Google noch um Bestätigung des Zugriffs durch die E-Mail-App auf Ihr Google-Konto, und schon sollten die ersten Nachrichten in Ihrem Posteingang erscheinen. Ähnlich funktioniert auch die Einrichtung von Yahoo-, Outlook- und Office-365-Konten.

Einrichtung eines Kontos eines anderen Anbieters

Etwas komplizierter wird es, falls Sie ein Konto eines anderen Anbieters wie GMX oder Web.de oder das Konto einer eigenen Domain in der E-Mail-App hinterlegt werden soll.

In dem Fall müssen Sie nämlich neben einem Benutzernamen – meist der E-Mail-Adresse – und einem Passwort noch zusätzliche Daten eingeben. Ein solches Konto legen Sie über den Menüpunkt *Weitere* an.

1 Geben Sie zuerst die *E-Mail-Adresse* und das *Passwort* ein.

2 Tippen Sie nun auf *Manuelles Setup* oder *Anmelden*.

3 Entscheiden Sie, ob Sie ein *POP3-*, *IMAP-* oder *Exchange-Konto* einrichten wollen. Die Unterschiede werden in der Infopassage ab Seite 50 erläutert.

4 Geben Sie nun in die dafür vorgesehen Felder den Benutzernamen, das *Passwort* und den *Namen des Eingangsservers* ein. Wählen Sie zudem den Sicherheitstyp *SSL* oder *TLS* und den *Port*. Diese Angaben erhalten Sie vom Anbieter ihrer E-Mail-Adresse. Meist hilft eine Google-Suche nach „POP3 Server GMX" oder „IMAP Server 1und1" weiter.

5 Falls der Eingangsserver ein POP3-Server ist, müssen Sie noch einstellen, ob und wann Nachrichten von Ihrem Telefon gelöscht werden. Die Voreinstellung *Niemals* sollte für die meisten Nutzer geeignet sein.

6 Nun benötigen Sie die Daten für den Ausgangsserver *SMTP*. Bitte beachten Sie: Egal welchen Eingangsserver Sie nutzen, der Ausgangsserver ist immer vom Typ SMTP.

7 Es wird auch immer eine Authentifizierung für den SMTP-Server benötigt, und zwar meist die *Anmeldedaten des Eingangsservers*, also E-Mail-Adresse als *Benutzername* plus *Passwort*.

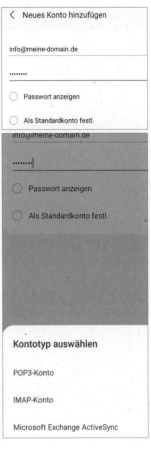

8 Tippen Sie auf *Anmelden*, um die Richtigkeit der Eingaben zu prüfen und die Einstellungen zu speichern.

→ Drei verschiedene E-Mail-Konten

Es gibt drei Arten von E-Mail-Konten. Sie sind nach den jeweiligen Protokollen benannt, die die E-Mail-Anwendung für die Kommunikation mit dem Server Ihres Anbieters benutzt: POP3, IMAP und Microsoft Exchange Active Sync. Sie unterscheiden sich auch in ihrer Funktionsweise – vor allem darin, wo die E-Mails gespeichert werden. Außerdem bieten nicht alle E-Mail-Anbieter alle Protokolle an.

POP3-Protokoll: Diese Variante löscht jede Nachricht automatisch vom Server, nachdem Sie sie mit einer E-Mail-Anwendung abgerufen haben. Auf Galaxy-Smartphones bleiben die Nachrichten aber trotzdem auf dem Server. Sie werden dort nur entfernt, wenn das Löschen auf dem Gerät erlaubt ist und eine Nachricht manuell von Ihnen aus dem Posteingang entfernt wird. Vorteil: Sie können unterwegs nicht relevante Nachrichten löschen, mit denen Sie sich erst später auf einem anderen Gerät wie einem PC in Ruhe beschäftigen wollen.

IMAP-Protokoll: Hier werden grundsätzlich alle Nachrichten synchronisiert, sprich nicht automatisch beim Abruf vom Server entfernt. Löschen Sie eine E-Mail jedoch manuell aus dem Posteingang, wird sie auch vom Server gelöscht und steht nicht mehr auf anderen Geräten zur Verfügung. Ein Vorteil von IMAP gegenüber POP3 ist, dass Sie auch Ordnerstrukturen, also Unterordner im Posteingang, mit dem E-Mail-Server des Anbieters abgleichen können. IMAP empfiehlt sich vor allem für Nutzerinnen und Nutzer, die Nachrichten nicht mit einer E-Mail-Anwendung auf einem PC abrufen oder schon unterwegs Nachrichten dauerhaft löschen wollen.

Microsoft Exchange Active Sync: Diese Variante wiederum synchronisiert nicht nur E-Mails, sondern – falls verfügbar – auch Kontakte, Aufgaben und Termine. Allerdings unterstützen nur wenige Anbieter dieses Protokoll. Oftmals wird es von Unternehmen benutzt, die eigene E-Mail-Server betreiben. Die Vorteile von Exchange Active Sync können Sie aber auch kostenlos mit einem Microsoft-Konto nutzen.

Nach der Einrichtung des ersten Kontos öffnet sich der Posteingang. Tippen Sie auf eine E-Mail, um sie zu öffnen. Eine Wischgeste von rechts nach links löscht die Nachricht – das Wischen von links nach rechts gibt die Aktionen *Verschieben*, *Schlummern*, *Gelesen* und *Antworten* frei.

Eine Wischgeste von oben nach unten aktualisiert das Postfach und prüft, ob inzwischen neue E-Mails eingetroffen sind. Ungelesene Nachrichten werden dabei übrigens in Fettschrift dargestellt.

Weitere E-Mail-Konten anlegen

Sie haben mehrere E-Mail-Adressen – etwa privat, beruflich und vielleicht noch eine, die Sie nur für Newsletter nutzen? Das ist sinnvoll und mindert deutlich die Wahrscheinlichkeit, E-Mail-Spam auf Ihren wichtigeren E-Mail-Adressen zu erhalten.

Praktisch ist, dass Sie mehrere Accounts über Samsungs *E-Mail* abrufen können.

1 Um ein weiteres Konto hinzuzufügen, gehen Sie auf die *drei übereinanderliegenden Striche* und auf das *Zahnrad*-Symbol.

2 Hier tippen Sie auf *Konto hinzufügen*.

3 Anschließend führen Sie die Schritte wie auf Seite 48 beschrieben erneut aus.

Einstellungen der E-Mail-App

Tippen Sie auf die *drei übereinanderliegenden Striche*, um in die E-Mail-Übersicht zu gelangen.

Das Menü zeigt Ihnen eine Übersicht der hinterlegten E-Mail-Konten.

▶ **Sie können sich nur den Posteingang** eines Kontos oder aller Konten anzeigen lassen.

▶ **Unterhalb der Konten** findet sich zudem eine Ordnerliste – Zahlen rechts neben einem Ordner geben an, wie viele ungelesene Nachrichten sich darin befinden. Einen Ordner wählen Sie durch Antippen aus.

Die Einstellungen verbergen sich, wie zu erwarten war, hinter dem *Zahnrad*:

▶ **Tippen Sie auf ein Konto**, um dessen Einstellungen zu ändern.

▶ **Stellen Sie ein**, wie häufig die App Nachrichten dieses Konto abrufen soll, und ob die gesamte Nachricht oder nur ein Teil geladen werden soll. Wer viel unterwegs ist und ein kleines Datenvolumen hat, sollte selten abrufen oder sich mit 2 KB oder 50 KB begnügen. *Nur Kopfzeilen* bedeutet, dass sich der automatische Abruf auf den Namen des Absenders und die Betreffzeile beschränkt. Die vollständige Nachricht können Sie stets immer noch herunterladen, sobald Sie die E-Mail geöffnet haben. Wägen Sie auch ab, ob Sie pro eingerichtetem E-Mail-Konto immer auf dem aktuellen Stand sein wollen (bzw. müssen) oder ob Ihnen auch ein paar Stunden Funkstille nichts ausmacht.

▶ **Bearbeiten Sie bei Bedarf** dort auch die Signatur, den Kontonamen und Ihren eigenen Namen.

▶ **Stellen Sie den Standard ein**, welches Konto automatisch als Absender fungieren soll, wenn Sie eine neue E-Mail verfassen.

▶ **Die Option** *Bilder anzeigen* sollten Sie deaktivieren. Das spart Daten und verhindert, dass der Absender feststellen kann, ob Sie die

Nachricht gelesen haben. Letzteres kann das Spam-Aufkommen reduzieren.

▶ **Außerdem können Sie festlegen**, dass bei einer bestehenden WLAN-Verbindung Dateianhänge automatisch heruntergeladen werden. Bei einer Mobilfunkverbindung müssen Sie Anhänge stets manuell herunterladen.

▶ **Ein Tippen auf** *Entfernen* (rechts oben) löscht das Konto mit allen Nachrichten.

E-Mails bearbeiten

Um eine E-Mail weiterzuleiten oder zu beantworten, sollten Sie sie öffnen. Ihnen stehen nun folgende Bedienelemente zur Verfügung:

▶ Am unteren Bildrand ist die Symbolleiste mit den Befehlen *Antworten*, *Weiterleiten* und *Löschen*.

▶ Der *Pfeil am linken oberen Bildrand* bringt Sie zurück zum Postfach.

▶ Die *Pfeile rechts oben* erlauben eine Navigation durch die E-Mails im Postfach oder Ordner.

▶ Darunter findet sich die *Betreffzeile*.

▶ Der oder die *Absender* werden direkt unter der Betreffzeile angezeigt.

▶ Als Nächstes kommt ein möglicher *Dateianhang*, den Sie über *Speichern* auf Ihrem Smartphone ablegen können.

▶ Erst dann folgt der eigentliche *Nachrichtentext*.

Tippen Sie auf *Antworten* oder *Weiterleiten*, um auf eine Nachricht zu reagieren. Die Antwort geht übrigens stets an den Absender und zitiert den Text der ursprünglichen Nachricht.

▶ Beim *Weiterleiten* müssen Sie den Empfänger auswählen. Dafür wird neben dem Nachrichtentext auch die Anlage übernommen und weitergeleitet – eine Antwort erfolgt immer ohne die ursprüngliche Anlage.

Eine neue E-Mail schreiben

Egal welchen Ordner eines Kontos Sie gerade ausgewählt haben, über das *Nachrichten*-Symbol in der rechten unteren Ecke rufen Sie den Dialog zum Schreiben einer neuen E-Mail auf.

1 Geben Sie die Adresse des Empfängers ein oder wählen Sie sie über das *Kontakte*-Symbol aus dem Adressbuch aus. Selbstverständlich können Sie auch Nachrichten an mehrere Empfänger gleichzeitig verschicken. Bei manueller Eingabe trennen Sie die Adressen mit einem Komma.

2 Der *nach unten gerichtete Pfeil* neben dem *Kontakte*-Symbol öffnet die Felder *Cc* (englisch: Carbon Copy, also Kopie) und *Bcc* (englisch: Blind Carbon Copy, also Blindkopie), um dort bei Bedarf ebenfalls Empfänger einzutragen. Empfänger im Feld Bcc sehen nicht, welche anderen Personen diese E-Mail erhalten haben. Die Adressen in den Feldern *An* und *Cc* sind für alle Empfänger der E-Mail sichtbar.

Tipp

Die eigene Signatur: Wenn Sie eine E-Mail mit Samsungs Standardprogramm verschicken, fügt Ihr Smartphone eine Signatur hinzu: *Von meinem Samsung Galaxy Smartphone gesendet.* Vielleicht möchten Sie diese Signatur nicht jedes Mal mitsenden – oder vielleicht haben Sie eine berufliche Signatur, die Sie statt dessen lieber verwenden wollen.
Gehen Sie in die Einstellungen und tippen Sie auf das gewünschte E-Mail-Konto. Hier können Sie per Schieberegler das Mitsenden der Signatur unterbinden oder über die Schaltfläche *Signatur* Ihren eigenen Text eingeben.

3 Wenn Sie mehrere Konten eingerichtet haben, können Sie noch entscheiden, mit welchem Konto diese Nachricht verschickt wird. Voreingestellt ist das Konto, das Sie bei der Einrichtung als Standardkonto festgelegt haben.

4 Nun können Sie des Weiteren einen Betreff und einen Nachrichtentext hinzufügen. Dazu stehen in der Leiste oberhalb der Tastatur verschiedene Formatierungsfunktionen zur Verfügung, um beispielsweise die Schriftgröße und -farbe zu ändern.

5 Über das *Klammer*-Symbol am oberen Bildrand können Sie ein auf Ihrem Galaxy-Smartphone gespeichertes Dokument oder Foto verschicken.

6 Das *Menü* hält als Zusatzfunktionen die Speicherung der Nachricht als Entwurf, die Festlegung einer Priorität und die Deaktivierung der Rich-Text-Formatierung bereit. Letzteres kann sinnvoll sein, wenn Ihre Nachrichten beim Empfänger nicht korrekt dargestellt werden.

7 Tippen Sie nach Abschluss aller Eingaben auf das pfeilförmige *Senden*-Symbol rechts oben, um die Nachricht zu verschicken.

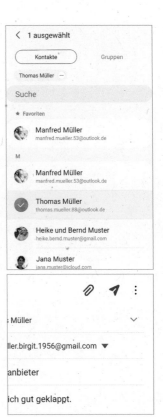

E-Mail-Nachricht als Entwurf speichern oder ganz löschen

Falls Sie die Nachricht doch nicht verschicken wollen, tippen Sie auf das *Kreuz* links oben. Mit *Verwerfen* wird der Vorgang beendet und der Entwurf gelöscht.

Falls Sie den Entwurf behalten wollen, um ihn später vielleicht doch noch zu verschicken, tippen Sie auf *Speichern*. In dem Fall landet die Nachricht im Ordner *Entwürfe*.

Individuelle Einstellungen

Apps tragen maßgeblich dazu bei, ein Smartphone aus Ihrem Samsung Galaxy zu machen. Optische und akustische Details wie Hintergrundbilder und Signaltöne geben Ihrem Gerät schließlich den letzten Schliff.

Die App-Stores Google Play und Galaxy Apps

Eine Stärke von Smartphones ist die Möglichkeit, zusätzliche Software – sogenannte Apps – zu installieren. Samsung liefert seine Smartphones ab Werk bereits mit einigen Apps aus. Neben selbst entwickelten Anwendungen für verschiedene Grundfunktion zählen dazu auch Apps von Google, Microsoft und Facebook. Außerdem hält Ihr Smartphone zwei wichtige Quellen für Apps für Sie bereit: Google Play und Samsung Galaxy Apps. Die Symbole beider Marktplätze sind Ihnen vielleicht schon auf dem Startbildschirm aufgefallen.

Das App-Angebot im Play Store im Überblick

Im Play Store bietet Google kostenlose und kostenpflichtige Apps und Spiele an – viele Gratisanwendungen sind allerdings werbefinanziert, so sehen Sie beispielsweise am unteren Bildrand Online-Anzeigen, während Sie die App nutzen. Einige Entwickler setzen zudem auf sogenannte In-App-Käufe, um Geld zu verdienen. Sie können gegen Zahlung einer Gebühr zusätzliche Funktionen freischalten oder die Einblendung von Werbung unterbinden.

Google setzt bei der Bedienung des Play Store auf die bekannten Registerkarten, um sein Angebot zu glie-

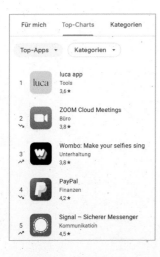

dern. Je nach gewählter Kategorie ändern sich dann auch die Optionen der zweiten Tab-Reihe. Die Startseite gibt Ihnen beispielsweise Zugriff auf von Google zusammengestellte Inhalte (*Für mich*), die *Top-Charts* und die verschiedenen App-Kategorien. Die Tab-Leisten lassen sich übrigens per Wischgeste hin- und herbewegen.

Empfehlungen von Google basieren nicht nur auf Verkaufszahlen und Bewertungen von Apps, sondern auch auf den von Ihnen bereits genutzten Anwendungen sowie weiteren Daten, die Google über Sie sammelt. Je mehr Daten Google von Ihnen hat, desto besser werden diese Empfehlungen. Wie Sie die Neugier von Google einschränken, erfahren Sie im Kapitel „Sicherheit und Datenschutz" ab Seite 140.

Die erste App installieren

Entweder Sie wählen eine der vorgeschlagenen Apps durch Antippen aus oder Sie suchen gezielt nach einer App, indem Sie ein Schlüsselwort wie „Wetter" in das Suchfeld am oberen Bildrand eingeben, auf das Lupensymbol auf der Tastatur tippen und sich für eines der Suchergebnisse entscheiden.

Die Übersicht einer App hält zahlreiche Informationen bereit, die Ihnen bei der Auswahl der richtigen App helfen können:

▶ **Unter dem Namen der App** sehen Sie den Namen des Anbieters sowie Hinweise auf In-App-Käufe und eine Werbefinanzierung.

▶ **Darunter wird die durchschnittliche Bewertung** (die Bestnote zählt fünf Sterne), die Zahl der Bewertungen sowie die Zahl der Installationen angezeigt. Bei Apps mit mindestens vier Sternen ist die Wahrscheinlichkeit hoch, dass auch Sie damit zufrieden sind. Auch Downloads im Bereich von mehreren Hunderttausend oder gar Millionen sind auf alle Fälle ein Qualitätsmerkmal.

▶ **Trotzdem sollten Sie** nach unten scrollen und unter *Bewertungen & Rezensionen* einen Blick auf die neuesten Nutzerinnen- und Nutzerkommentare werfen. Sie geben nämlich in der Regel Auskunft über den aktuellen Qualitätsstand einer App – Qualitätsschwankungen schlagen sich erst mit einer gewissen zeitlichen Verzögerung in der Durchschnittsnote nieder.

Entspricht die App Ihren Vorstellungen, steht einer Installation nichts mehr im Wege.

1 Tippen Sie auf die *Installieren*-Schaltfläche im oberen Bereich des Eintrags.

2 Gegebenenfalls fordert Sie der Play Store nun auf, die Einrichtung abzuschließen.

3 Konkret möchte Google, dass Sie eine *Zahlungsmethode* hinterlegen. Falls Sie aber nicht vorhaben, regelmäßig Inhalte im Play Store zu erwerben, sollten Sie auf *Überspringen* klicken und keine Zahlungsmethode hinterlegen. Dadurch ist sichergestellt, dass Unbefugte keine kostenpflichtigen Einkäufe in Ihrem Namen tätigen können.

Die frisch installierte App lässt sich anschließend direkt öffnen. Außerdem finden Sie das Symbol der App im App Drawer und je nach Einstellung (siehe Seite 67) auf dem Startbildschirm.

Das Menü im Google Play Store

Das *Profilbild* am rechten Rand des Suchfelds öffnet das Menü von Google Play.

▶ *Meine Apps und Spiele* führt Sie zu den Apps, die Ihrem Google-Konto zugeordnet sind. Sollten Sie also bereits ein anderes Android-

Gerät genutzt haben, finden Sie alle Apps im Tab *Mediathek*. Der Tab „Installiert" bezieht sich auf die Apps, die sich auf dem aktuellen Gerät befinden. Oder Sie schauen sich an, für welche Apps gerade Updates vorliegen bzw. welche Apps zuletzt aktualisiert wurden.

▶ **Sie können sich** aber auch Ihr Play-Store-Konto anzeigen lassen, nachträglich eine Zahlungsmethode hinzufügen oder Benachrichtigungen des Play Store einsehen.

▶ *Play Protect* lautet der Name von Googles „Virenscanner" für Android-Apps. Google prüft nicht nur die Apps, die Sie über den Play Store beziehen, sondern alle auf ihrem Gerät installierten Apps.

▶ **In den** *Einstellungen* sollten Sie die bevorzugte Downloadvariante für Apps auf *Nur über WLAN* einstellen – außer Sie haben ein sehr großes Datenvolumen oder keinen regelmäßigen Zugriff auf ein WLAN. Zudem können Sie festlegen, ob für Käufe eine Authentifizierung erforderlich ist, sprich der Play Store Ihr Google-Passwort abfragen soll.

▶ **Dort finden Sie auch** den Jugendschutzfilter, den Sie aktivieren sollten, falls Sie Ihr Gerät mit Minderjährigen teilen.

▶ **Einlösen:** In Supermärkten und bei Elektronikhändlern können Sie Geschenkkarten für den Play Store erwerben, sprich ein Guthaben, um Apps, Musik, Filme und Serien zu kaufen. Tragen Sie den Code der Geschenkkarte hier ein, um das Guthaben zu aktivieren.

Samsungs App-Angebot: Galaxy Store

Eigentlich ist der Samsung-App-Store im Vergleich zu Googles App-Angebot nicht konkurrenzfähig. Wären da nicht einige nennenswerte Apps, die Samsung nur über seinen eigenen Marktplatz vertreibt. Außerdem bietet Samsung dort exklusiv Themes und Hintergrundbilder an (siehe Seite 65).

Dem Galaxy App Store ist außerdem die Rubrik *Uhr* vorbehalten, die Sie allerdings nur nutzen werden, falls Sie eine Smartwatch von Samsung besitzen.

In den meisten Fällen werden Sie wohl nur Updates für bestimmte Samsung-Apps über Galaxy Apps beziehen. Beachten Sie bitte, dass einige der vorinstallierten Samsung-Apps ausschließlich über den Play Store aktualisiert werden.

Apps platzieren und deinstallieren

Wie schon erwähnt, finden Sie alle neu installierten Apps im App Drawer, den Sie selbstverständlich ebenfalls Ihren Vorlieben anpassen können.

1 Tippen und halten Sie das Symbol einer App im App Drawer für etwa eine Sekunde.

2 Es erscheint ein Kontextmenü mit – je nach App – unterschiedlichen Funktionen. Stets dabei sind die Optionen *Auswählen*, *Zu Start hinzufügen* und oben links das *I*-Symbol für App-Infos.

3 Nicht alle Apps lassen sich deinstallieren oder deaktivieren oder besitzen ein Widget.

4 Tippen Sie auf *Zu Start hinzufügen*, um das Symbol auf dem Startbildschirm zu platzieren.

5 Alternativ können Sie das Symbol der App im Drawer länger tippen und halten, bis der Startbildschirm erscheint.

6 Bewegen Sie das Symbol, während Sie es halten, zu der Stelle, an der Sie es ablegen wollen, und lassen Sie es dort wieder los.

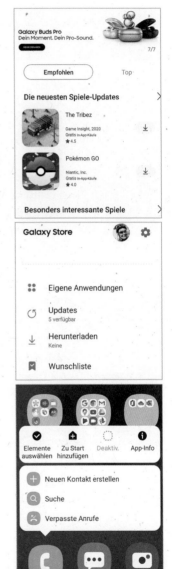

7 Soll das Symbol auf einen zweiten Startbildschirm, schieben Sie es einfach zum rechten Bildrand. Falls Sie zwischendurch losgelassen haben, müssen Sie lediglich erneut tippen, halten und verschieben.

8 Am rechten Bildrand erscheint kurzzeitig ein heller Rand, bevor Sie zum nächsten Startbildschirm wechseln. Alle zusätzlichen Startbildschirme erscheinen übrigens rechts vom vorherigen. Per Wischgeste von links nach rechts beziehungsweise von rechts nach links blättern Sie zwischen den Startbildschirmen hin und her.

9 Wiederholen Sie diesen Vorgang mit allen Apps, deren Symbole Sie auf dem Startbildschirm haben wollen.

10 Tippen und halten Sie ein Symbol auf dem Startbildschirm für eine Sekunde, um über das Kontextmenü die App zu *deinstallieren* oder *vom Startbildschirm zu entfernen*.

11 Über *Elemente auswählen* im Kontextmenü aktivieren Sie auf dem Startbildschirm und im App Drawer einen Bearbeitungsmodus, um mehrere Symbole gleichzeitig zu deinstallieren oder in einem gemeinsamen Ordner abzulegen.

12 Sie können die markierten Apps zudem antippen und halten, um sie als Gruppe auf dem Startbildschirm oder innerhalb des App Drawers zu verschieben.

13 Darüber hinaus lassen sich mehrere Symbole auch in einem Ordner ablegen. Tippen Sie nach der Auswahl oben rechts auf *Ordner erstellen* und geben Sie dem Ordner einen Namen. Über den *Punkt* neben dem Namensfeld lässt sich die Hintergrundfarbe des Ordnersymbols ändern.

14 Eine einzelne App fügen Sie zu einem Ordner hinzu, indem Sie deren Symbol tippen und halten und auf den Ordner verschieben. Sobald das Symbol des Ordners etwas größer wird, können Sie die App loslassen.

15 Ordner haben ebenfalls ein Kontextmenü, und zwar für die Befehle *Elemente auswählen* und *Ordner löschen*. Letzteres löst den Ordner auf und legt die Symbole wieder einzeln im App-Drawer ab.

Freilich können Sie auch die Symbole des Anwendungs-Docks am unteren Bildrand ändern. Gehen Sie hier genauso vor wie beim Startbildschirm, also Symbole per Tippen und Halten aufnehmen und verschieben. Das Dock nimmt maximal fünf Symbole auf – es können auch weniger sein.

Widgets auf dem Startbildschirm

Dem Startbildschirm ist eine besondere Art von App-Verknüpfung vorbehalten. Die sogenannten Widgets sind interaktive App-Symbole, die ausgewählte Informationen in Echtzeit liefern. Ein Beispiel ist das vorinstallierte Wetter-Widget von Samsung, das Sie über das Wetter an Ihrem aktuellen Standort informiert und zudem durch Antippen die Wetter-App startet.

1 Tippen und halten Sie auf einer freien Stelle des Startbildschirms, um dessen Menü zu öffnen.

2 Tippen Sie in der Symbolleiste am unteren Bildrand auf *Widgets*.

3 Es öffnet sich eine Übersicht mit allen verfügbaren Widgets, die sich per Wischgeste durchblättern lassen.

4 In der Übersicht wird der Name des Widgets beziehungsweise der zugehörigen App angezeigt und daneben entweder die Größe

des Widgets oder die Zahl der für diese App verfügbaren Widgets.

5 Tippen Sie auf ein Widget, um es zum Startbildschirm hinzuzufügen. Einige Widgets zeigen Ihnen anschließend noch weitere Optionen an.

6 Im Fall des E-Mail-Widgets können Sie per Wischgeste durch den Posteingang blättern und mit einem Klick auf eine E-Mail diese in der App öffnen. Die Symbole am oberen Rand erlauben das Schreiben einer neuen Nachricht oder die Aktualisierung des Widgets.

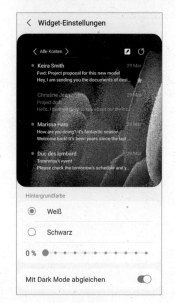

7 Tippen und halten Sie das Widget, um ein Kontextmenü zu öffnen, worüber das Widget entfernt oder seine Einstellungen geöffnet werden.

8 Wie ein App-Symbol lassen sich auch Widgets durch Tippen und Halten verschieben – auch auf einen weiteren Startbildschirm.

9 Sobald Sie das Widget wieder loslassen, erscheint zudem ein farbiger Rahmen mit Punktmarkierungen, über die Sie die Größe des Widgets ändern können. Diese Option funktioniert jedoch nicht bei allen Widgets.

Samsung Themes

Ein weiteres Gestaltungselement, das Sie anpassen können, ist das sogenannte „Thema" (englisch: Theme).

Es setzt sich aus den Hintergrundbildern für Start- und Sperrbildschirm, den App-Symbolen, Farbakzenten und der Schriftart zusammen. Sie können diese Elemente einzeln ändern oder direkt das ganze Theme wechseln.

1 Tippen und halten Sie eine freie Stelle des Startbildschirms, um erneut dessen Menü zu öffnen.

2 Wählen Sie nun in der Symbolleiste am unteren Bildrand *Themes*.

3 Es öffnet sich die App Galaxy Themes.

4 Ähnlich wie im Play Store oder dem Galaxy Apps Store können Sie nun nach neuen Themes, Hintergrundbildern oder Symbolen suchen.

5 Hinter *AODs* verbirgt sich die Funktion Always On Display (siehe „Immer informiert ...", Seite 70).

Birgit, Empfohlene Themes

Hintergrund & Themes ändern

Kehren Sie zum Menü des Startbildschirms zurück und wählen Sie *Hintergrundbild*. Es öffnet sich eine Übersicht mit der aktuellen Auswahl für Start- und Sperrbildschirm und den Optionen für neue Hintergrundbilder.

1 Tippen Sie auf *Galerie*, um ein mit der Kamera aufgenommenes oder ein auf das Smartphone kopiertes Foto auszuwählen. *Meine Hintergründe* beinhaltet die von Samsung bereitgestellten Hintergrundbilder. *Weitere Hintergründe* am unteren Bildrand führt Sie wie-

der zum Galaxy Themes Store, wo Sie kostenpflichtige und Gratis-Themes finden.

2 Für den Startbildschirm können Sie nur ein Bild auswählen, für den Sperrbildschirm auch mehrere, die dann abwechselnd angezeigt werden.

3 Schließen Sie die Auswahl mit *Fertig* oben rechts ab.

4 Legen Sie fest, ob das Bild für den Startbildschirm, den Sperrbildschirm oder beide Bildschirme benutzt werden soll.

5 In der Vorschau können Sie nun das Bild positionieren und mit der Zwei-Finger-Kneifgeste vergrößern oder verkleinern.

6 Legen Sie schließlich das gewählte Foto als Hintergrundbild fest.

Themes und Symbole ändern

Im Themes Store bietet Samsung Ihnen eine Vielzahl von Design-Themen, Hintergründen und Symbolen an. Tippen Sie oben auf die Registerkarte *Top*, um sich die beliebtesten kostenpflichtigen und kostenlosen Themes anzeigen zu lassen. Tippen Sie für Details wie Screenshots des Themes auf einen Eintrag. Falls Sie das Theme installieren wollen, tippen Sie unten auf den *Preis* oder auf *Kostenlos*. Danach muss das Theme noch angewendet werden.

Um das Design-Thema zu ändern, gehen Sie wieder in Galaxy Themes (über das *Menü des Startbildschirms*), wählen das *Menü* (oben links) und tippen dann auf *Meine Daten*. In der Übersicht finden Sie nicht nur das Standardthema, mit dem Ihr Smartphone ausgeliefert wurde, sondern auch alle vorinstallierten und gekauften Hintergründe, Symbole und Always On Displays (AODs).

Bitte beachten Sie, dass nachträglich geänderte Details wie eigene Hintergrundbilder bei jedem Wechsel des Theme verloren gehen.

Wie Sie eigene Themes erstellen und speichern können, erfahren Sie in den Tipps und Tricks ab Seite 177.

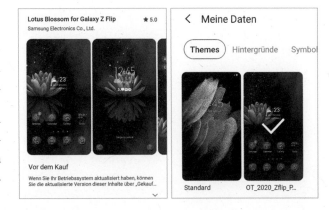

Symbole ändern

Hier verfahren Sie grundsätzlich genauso wie bei den Hintergrundbildern oder Themes. Alle erworbenen Symbole werden Ihnen unter *Meine Daten* oben in der Registerkarte Symbole angezeigt. Im Store können Sie sich Symbole ebenfalls nach kostenlos und kostenpflichtig sortiert anzeigen lassen. Ab Werk sind allerdings nur die Standardsymbole von Samsung installiert.

Einstellungen des Startbildschirms

Rufen Sie durch Tippen und Halten erneut das Menü des Startbildschirms auf und wählen Sie unten rechts die *Startbildschirm-Einstellungen*.

▶ **Startbildschirmlayout:** Hier ist die Option *Start- und App-Bildschirm* voreingestellt, sprich Sie haben einen oder mehrere frei konfigurierbare Startbildschirme und zusätzlich den App Drawer, in dem sich alle Apps

befinden. Die Option *Nur Startbildschirm* schaltet indes den App Drawer aus. Stattdessen finden Sie nun alle Apps auf weiteren Seiten des Startbildschirms, was dem Bedienkonzept von Apples iPhone entspricht.

► **Startbildschirmgitter:** Sie können die App-Symbole auf dem Startbildschirm in Rastern von 4 mal 5, 4 mal 6, 5 mal 5 oder 5 mal 6 Symbolen anordnen. Je feiner das Raster ist, desto kleiner werden die Symbole.

► **App-Bildschirmgitter:** Dieselbe Einstellung bietet Samsung auch für den App Drawer an.

► **Ältere Galaxy-Smartphones** haben im Anwendungs-Dock ein eigenes Symbol für den App Drawer. Dieses holen Sie mit der Option *App-Schaltfläche* zurück. Die App-Schaltfläche reduziert die Zahl der App-Symbole im Dock von fünf auf vier.

► **App-Symbolindikator:** Zahlen in der rechten oberen Ecke eines Symbols zeigen Ihnen die Zahl der neuen Ereignisse für diese App an. Alternativ steht Ihnen ein Indikator ohne Zahl zur Verfügung. Oder Sie schalten den Indikator vollständig ab.

► **Sperren Sie das Layout** des Startbildschirms, um versehentliche Änderungen zu verhindern.

► **Legen Sie außerdem fest,** ob aus dem Play Store neu heruntergeladene Apps automatisch zum Startbildschirm hinzugefügt werden.

► **Benachrichtigungs-feld schnell öffnen:** Standardmäßig müssen Sie vom oberen Bildschirmrand aus wischen, um eine Benachrichtigung einzublenden. Ändern Sie diese Option, um mit einer Wischgeste von oben nach unten über

eine beliebige Stelle des Startbildschirms das Benachrichtigungsfeld einzublenden. Ist diese Option aktiv, lässt sich der App Drawer nur noch mit einer Wischgeste von unten nach oben öffnen.

► **In Querformat drehen:** Ändern Sie diese Option, damit der Startbildschirm auch im Querformat angezeigt wird. Die Einstellung gilt auch für den App Drawer. Die Navigationsleiste verbleibt jedoch am kurzen Bildrand.

► **Apps ausblenden:** Markieren Sie Apps durch Antippen, die nicht im App Drawer und auf dem Startbildschirm erscheinen sollen. Die Apps sind jedoch weiterhin installiert.

Einen Startbildschirm löschen

Zusätzliche Startbildschirme können Sie selbstverständlich auch löschen. Öffnen Sie das Menü des Startbildschirms und blättern Sie per horizontaler Wischgeste zum zu löschenden Startbildschirm. Ein Klick auf das *Papierkorb*-Symbol entfernt die Seite samt den dort hinterlegten Widgets und App-Symbolen.

Einen neuen Startbildschirm fügen Sie hinzu, indem Sie ganz nach rechts scrollen und auf das *Plus*-Zeichen tippen. Tippen, halten und verschieben Sie einen Startbildschirm, um die Reihenfolge der Seiten zu verändern.

Ein Startbildschirm ist stets der Home-Bildschirm, also die Seite, die durch Drücken der *Home*-Taste angezeigt wird. Den Home-Bildschirm erkennen Sie am *weißen Haus*-Symbol. Auch die Position des Home-Bildschirms können Sie verändern. Oder Sie tippen auf das *ausgegraute Haus*-Symbol einer anderen Startseite und machen diese dadurch zum Home-Bildschirm.

Sperrbildschirm anpassen

Die Einstellmöglichkeiten für den Sperrbildschirm finden Sie in der *Einstellungen*-App (*Zahnrad*-Symbol) im App Drawer. Hier können Sie nicht nur das Aussehen des Sperrbildschirms anpassen, sondern auch verschiedene sicherheitsrelevante Einstellungen vornehmen. Letztere werden im Kapitel Sicherheit und Datenschutz (siehe Seite 140) beschrieben.

Immer informiert: Das Always On Display

Fangen wir also mit dem Always On Display an, das Samsung meist nur Geräten der mittleren und oberen Preisklasse spendiert. Diese Funktion zeigt bestimmte Informationen wie Datum, Uhrzeit und Benachrichtigungssymbole „besonders stromsparend" auf dem eigentlich ausgeschalteten Display an.

1 Legen Sie fest, ob das Always On Display immer aktiv sein soll, nur durch Tippen angezeigt oder zu bestimmten Zeiten angezeigt wird.

2 Das Always On Display lässt sich bei Bedarf aber auch über die Schnellzugriffe ein- und ausschalten.
3 Legen Sie nun die Bildschirmausrichtung des Always On Displays fest und ob zusätzlich Musikinformationen angezeigt werden sollen.

Aussehen des Always On Displays ändern

Das Design des Always On Displays wird vor allem durch die Uhr bestimmt, die Sie nun konfigurieren können.
1 Tippen Sie auf *Uhrenstil* und wählen Sie die Uhr, die Sie anzeigen wollen.
2 Durch Antippen wird oberhalb eine Vorschau der Uhr angezeigt.
3 Unterhalb der Uhrenauswahl können Sie auch eine *Farbe* einstellen.
4 Tippen Sie auf das *Grafik*-Symbol rechts neben dem *Uhr*-Symbol, um statt der Uhr eine Grafik anzuzeigen.
5 Sie können auch eine animierte GIF-Datei als Hintergrund wählen.
6 Beenden Sie den Vorgang mit *OK*.

Zusätzliche Informationen auf Sperrbildschirm und Always On Display

Sperrbildschirm und Always On Display halten auf Wunsch noch weitere Informationen für Sie bereit. Diese Funktion nennt Samsung Widgets. Sie werden in den Einstellungen des Sperrbildschirms konfiguriert. Es handelt sich um einen interaktiven Bereich, in dem eine Musiksteuerung, aktuelle Termine oder Wetterdaten angezeigt werden können. Auf dem Sperrbildschirm müssen Sie auf die *Uhr* tippen, um die Widgets einzublenden. Ist das Always On Display aktiv, müssen Sie zweimal auf die *Uhr* tippen und anschließend nach

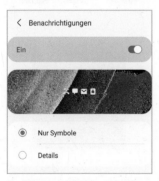

unten wischen, damit sich die Widgets zeigen. Tippen Sie auf ein Widget, um die zugehörige App zu öffnen – dafür müssen Sie selbstverständlich Ihr Smartphone entsperren. Tippen Sie auf einen *Regler* einer Kategorie, um diese Informationen als Widget auf dem Sperrbildschirm zu sehen. Mit dem Regler *Auf Always On Display anzeigen* werden die ausgewählten Widgets auch dort eingeblendet. Die Reihenfolge der Widgets ändern Sie über den Befehl *Neu ordnen* am rechten oberen Bildrand.

Benachrichtigungen auf dem Sperrbildschirm

Ihr Galaxy-Smartphone zeigt Ihnen auf dem Sperrbildschirm auch Benachrichtigungen an. Welche Informationen dort für Sie – oder eben auch Unbefugte – zu sehen sind, ohne das Gerät zu entsperren, muss jeder für sich entscheiden.

1 Tippen Sie in den *Einstellungen* des Startbildschirms auf *Benachrichtigungen*.

2 Legen Sie fest, ob Sie überhaupt bei gesperrtem Gerät benachrichtigt werden wollen.

3 Entscheiden Sie sich nun für einen Benachrichtigungsstil. Im oberen Bildschirmbereich sehen Sie jeweils eine Vorschau der Optionen *Details* und *Nur Symbole*.

4 Sie können außerdem grundsätzlich die Inhalte einer Benachrichtigung auf dem Sperrbildschirm ausblenden. So erfahren Sie beispielsweise nur, dass Sie eine E-Mail erhalten haben, aber nicht von wem oder worum es möglicherweise in der Nachricht geht.

5 Verändern Sie die Transparenz, um die Lesbarkeit der Benachrichtigung im Zusammenspiel mit dem

Hintergrundbild zu verbessern. Dasselbe erreichen Sie mit der Funktion *Textfarbe automatisch umkehren*.

6 Schließlich können Sie noch entscheiden, ob die Einstellungen nur für den Sperrbildschirm oder auch für das Always On Display gelten.

App-Shortcuts auf dem Sperrbildschirm anpassen

Zum Schluss lassen sich noch die beiden App-Short-cuts links und rechts unten auf dem Sperrbildschirm anpassen.

Bitte beachten Sie, dass die ausgewählten Apps zumindest eingeschränkt vom Sperrbildschirm aus verfügbar sind. Starten Sie beispielsweise die Kamera vom Sperr-bildschirm aus, können Sie und jeder andere Fotos und Videos aufnehmen und sich diese anschauen.

Auf weitere Fotos und Videos in der Galerie hat man jedoch erst Zugriff, nachdem das Gerät entsperrt wurde.

Benachrichtigungen bei entsperrtem Gerät

Verlassen wir nun die Einstellungen des Sperrbild-schirms und widmen uns stattdessen den Optionen, die Samsung in der Einstellungen-App für Benachrich-tigungen anbietet.

Neben dem bereits besprochenen App-Symbolindika-tor (siehe Seite 68) können Sie hier die Funktion *Nicht stören* konfigurieren. Sie schaltet Anrufe und alle anderen Signale stumm – außer für die von Ihnen festgelegten Ausnahmen. Sie können den *Nicht-stören*-Modus bei Bedarf ein- und ausschalten (auch über die Schnell-zugriffe) oder Zeiten festlegen, zu denen Sie generell nicht gestört werden wollen.

Ausnahmen lassen sich für Anrufe und SMS von allen oder nur von bevorzugten Kontakten festlegen. Eine

Person wird übrigens zum bevorzugten Kontakt, indem Sie in dessen Detailansicht auf den *Stern* links neben seinem Namen tippen, der sich anschließend gelb einfärbt. Sie können auch einstellen, dass Kontakte, die mehrmals innerhalb von 15 Minuten bei Ihnen anrufen, als *Ausnahme* behandelt werden.

Benachrichtigungen: Kurz oder detailliert

Auch bei entsperrtem Gerät können Sie selbst entscheiden, ob Sie mehr oder weniger Daten über Benachrichtigungen preisgeben.

▶ **Kurz:** Damit spricht Samsung Nutzerinnen und Nutzer an, die nicht von Benachrichtigungen abgelenkt werden wollen. Die „kurze" Benachrichtigung erscheint nur wenige Sekunden als kleines Pop-up. Zudem können Sie festlegen, welche Apps keine kurzen, sondern detaillierte Benachrichtigungen auslösen.

▶ **Detailliert:** Diese Benachrichtigungen enthalten nicht nur mehr Informationen wie zum Beispiel Inhalte von SMS, sie sind auch unter Umständen interaktiv und erlauben es, direkt auf eine SMS zu antworten.

Benachrichtigungen von Apps anpassen

Praktisch jede App ist in der Lage, Ihnen zu neuen Inhalten und Änderungen eine Benachrichtigung zu schicken. Einige dieser Rückmeldungen werden Sie möglicherweise als störend empfinden. Tippen Sie in den Benachrichtigungseinstellungen unter dem

Punkt *Kürzlich gesendet* auf *Mehr*, um Benachrichtigungen bestimmter Apps zu konfigurieren.

1 Ändern Sie die Ansicht links oben von *Aktuell* auf *Alle*.

2 Tippen Sie auf einen Regler, um grundsätzlich von dieser App keine Benachrichtigungen zu erhalten. Von System-Apps, deren Bedeutung Sie vielleicht nicht kennen, sollten Sie die Benachrichtigungen nicht deaktivieren.

3 Tippen Sie auf den Eintrag einer App, um die Benachrichtigungsdetails nur für diese App zu ändern.

4 Sie können nun beispielsweise nur für diese App den App-Symbolindikator ausschalten oder bestimmte Arten von Benachrichtigungen abwählen, wie beispielsweise Benachrichtigungen zu Sicherheitsproblemen.

5 Tippen Sie auf eine Benachrichtigungskategorie wie *Neue E-Mails*, um weitere Details wie den Benachrichtigungston, die Vibrationsfunktionen oder die Anzeige von Benachrichtigungen auf dem Sperrbildschirm zu konfigurieren. Sie können also beispielsweise für jedes in der E-Mail-App hinterlegte Konto eigene Benachrichtigungseinstellungen auswählen – auch in Bezug auf den *Nicht-stören*-Modus.

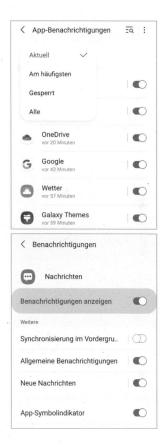

Interaktion mit Benachrichtigungen

Grundsätzlich können Sie durch Tippen auf jede Benachrichtigung reagieren. In der Regel startet dann die zugehörige App, oftmals wird dann auch direkt die Nachricht angezeigt, über die Sie gerade informiert wurden. Samsung bietet aber noch weitere Optionen:

▶ **Wischen Sie horizontal** über die Benachrichtigung, um sie zu löschen.

▶ **Wischen Sie langsam** über die Benachrichtigung, um Benachrichtigungen dieser App für einen bestimmten Zeitraum stummzu-

schalten (*Glocke*) oder die Benachrichtigungseinstellungen der App zu ändern (*Zahnrad*).

▶ **Nach dem Tippen** auf das *Zahnrad* wird Ihnen übrigens nur die Benachrichtigungskategorie angezeigt, die die aktive Benachrichtigung der App ausgelöst hat. Tippen Sie auf den unteren *Regler*, wenn Sie die Kategorie abwählen, aber sonst weiterhin Benachrichtigungen von der App erhalten wollen.

▶ **Über den** *nach unten gerichteten Pfeil* am oberen Rand der Benachrichtigung werden zusätzliche Funktionen zugänglich gemacht. Beim Kalender sind es beispielsweise *Schlummern* und *Schließen*. Eine E-Mail können Sie auf diese Art außerdem direkt aus dem Posteingang löschen.

Signaltöne ändern

Signaltöne haben, vor allem bei ausgeschaltetem Display, einen großen Vorteil gegenüber textlichen Benachrichtigungen: Mit ihnen lassen sich Inhalte „codieren". Ordnen Sie beispielsweise einer Person oder einer App einen bestimmten Ton zu, und Sie wissen, ohne Ihr Smartphone angefasst zu haben, wer oder was Ihre Aufmerksamkeit verlangt. Die Signaltöne richten Sie ebenfalls in der Einstellungen-App ein.

1 Rufen Sie den Menüpunkt *Töne und Vibration* auf.

2 Legen Sie fest, ob Ihr Smartphone bei Telefonanrufen nur *klingeln* oder auch *vibrieren* soll. Dadurch können Sie möglicherweise verhindern, dass Sie einen Anruf in einer lauten Umgebung verpassen.

3 Wählen Sie einen Standardton für Telefonanrufe, Benachrichtigungen und Systemmeldungen.

4 Auch das *Vibrationsmuster* für Anrufe und Benachrichtigungen lässt sich personalisieren.

5 Passen Sie die *Lautstärke* für den Klingelton, die Medienwiedergabe (Musik und Audio, Töne von Spielen), Benachrichtigungen und Systemmeldungen an.

6 Dies können Sie selbstverständlich auch mit den Lautstärketasten am linken Gehäuserand erledigen. Drücken Sie oben für lauter und unten für leiser. Es erscheint zudem ein Lautstärkeregler für den Klingelton, den Sie dann auch mit dem Finger verschieben können. Tippen Sie auf die drei Punkte des Reglers, um die anderen Lautstärkeregler einzublenden.

7 Das *Zahnrad* ruft die Einstellungen der Lautstärkeregelung auf, wo Sie festlegen können, dass die Lautstärketasten nicht den Klingelton, sondern die Medienlautstärke verändern.

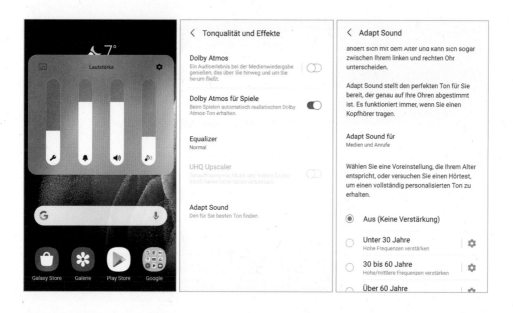

8 Bei Bedarf können Sie in den Einstellungen für Töne und Vibration auch die *Intensität des Vibrationsalarms* verändern. Das Vibrations-Feedback bezieht sich auf Tastatureingaben oder auch das Verschieben von Reglern.

9 Unter dem Menüpunkt *Steuerung von Systemton/Vibration* legen Sie fest, bei welchen Aktionen Ihr Smartphone einen Ton als Bestätigung ausgibt beziehungsweise vibriert.

10 Über den Punkt *Tonqualität und Effekte* sollten Sie die Klangverbesserung *Dolby Atmos* aktivieren. Falls Sie oft Musik über Kopfhörer hören, empfiehlt es sich auch, die Funktion *Adapt Sound* zu nutzen. Sie passt bestimmte Frequenzbereiche an, die Menschen verschiedener Altersgruppen besser oder schlechter hören. Mit einem personalisierten Tonprofil, das auf einem einfachen Hörtest basiert, ermittelt *Adapt Sound* auf Wunsch sogar Ihre individuellen Hörstärken und -schwächen und passt den Klang daran an.

Info

Eigene Klingeltöne und Benachrichtigungstöne: Wenn Ihnen die von Samsung bereitgestellten Klingel- und Benachrichtigungstöne nicht ausreichen oder zusagen, können Sie jegliche Musikstücke, die Sie auf Ihrem Smartphone speichern, als Klingeltöne nutzen.

Verbinden Sie das Gerät per USB-Kabel mit Ihrem PC oder Mac. Nutzen Sie nun den Dateimanager des Computers, um Musik-Dateien im Ordner *Music* abzulegen. Sie können aber auch beliebige Dateien im Ordner *Ringtones* speichern, die Ihnen anschließend ebenfalls als Klingeltöne zur Verfügung stehen.

Benachrichtigungstöne akzeptieren die Samsung-Smartphones allerdings nur, wenn diese im Ordner *Notifications* gespeichert wurden. Sollten Sie also ein Musikstück oder einen Soundschnipsel als Benachrichtigungston nutzen wollen, müssen Sie es in den Ordner *Notifications* kopieren. Rufen Sie danach erneut den Punkt *Töne und Vibration* in der *Einstellungen*-App auf und scrollen Sie zu *Benachrichtigungstöne*, um den voreingestellten Ton durch einen eigenen zu ersetzen.

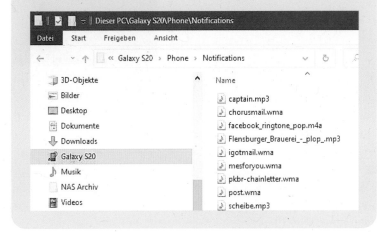

Bildschirmeinstellungen ändern

Auch der Bildschirm lässt sich an persönliche Vorlieben anpassen. Öffnen Sie dazu das Anzeige-Menü in der Einstellungen-App.

Helligkeit anpassen per adaptiver Helligkeit

Hier finden Sie ebenfalls den bereits von den Schnellzugriffen bekannten Schieberegler, um die Helligkeit einzustellen. Je heller das

Display leuchtet, desto mehr Strom verbraucht es – und das Display ist grundsätzlich der größte Stromfresser.

Einen guten Kompromiss bietet in der Regel die Funktion *Adaptive Helligkeit*. Sie ist ab Werk aktiviert und passt über einen Sensor auf der Vorderseite die Helligkeit Ihres Displays automatisch an das Umgebungslicht an. In dunklen Umgebungen reduziert das dann automatisch abgedunkelte, weniger blendende Display zudem die Belastung Ihrer Augen.

Helligkeit anpassen per Blaufilter

Dasselbe Ziel verfolgt Samsung auch mit dem *Blaufilter* – auch Augenkomfort genannt. Er sollte aktiviert werden, und zwar per Zeitplan von Sonnenuntergang bis Sonnenaufgang. Der Blaufilter reduziert den Blauanteil des Displays, was vor allem weiße Bereiche gelblich erscheinen lässt.

Helligkeit reduzieren per Dark Mode

Der als *Dark Mode* bezeichnete Nachtmodus kehrt die Farben Schwarz und Weiß um. Texte werden also in weißer Schrift auf schwarzem Hintergrund dargestellt. Auch viele Apps unterstützen den Nachtmodus.

Bessere Darstellung mit Bildwiederholrate

Seit dem Galaxy S20 bietet Samsung bei einigen Smartphones auch eine höhere *Bildwiederholrate* als 60 Hz. Sie ist bei einigen Geräten allerdings an eine reduzierte Bildschirmauflösung gekoppelt. Das Galaxy S21 stattet Samsung mit einer adaptiven Bildwiederholrate aus: Sie wird je nach Bildschirminhalt höher (bis zu 120 Hz) oder auch niedriger als 60 Hz eingestellt. Eine höhere Bildwiederholrate verbessert die Darstellung bewegter Inhalte wie Animationen. Sie benötigt allerdings auch mehr Strom.

Der Bildschirmmodus

Mit dem Bildschirmmodus passen Sie die Farbwiedergabe an. Zur Auswahl stehen die Profile *Natürlich* und *Lebendig*, wobei bei letzterem auch ein manueller

Weißabgleich möglich ist. Die *Erweiterten Einstellungen* erlauben es darüber hinaus, die Werte der drei Grundfarben Rot, Grün und Blau einzustellen.

Schriftgröße anpassen

Bei Bedarf können Sie auch die Schriftgröße und die Schriftart verändern, um beispielsweise die Lesbarkeit bei einer Nahsehschwäche zu verbessern. Dazu kann auch eine andere Schriftart beitragen wie die von Samsung kostenlos angebotene Schrift Samsung Sans oder die vorinstallierte SamsungOne.

Der Bildschirmzoom

Der *Bildschirmzoom* verändert nicht nur die Größe der Schrift, sondern aller auf dem Display dargestellten Elemente. Die Bildschirmauflösung hat indes keine direkte Auswirkung auf die Darstellung.

Daher wählt Samsung auch bei Smartphones mit einer Maximalauflösung von WQHD+ (1440p) ab Werk eine Full-HD+-Auflösung von 1080p. Die geringe Auflösung soll vor allem den Akkuverbrauch reduzieren. Hochauflösende Videos und Fotos erscheinen möglicherweise jedoch in der WQHD+-Auflösung schärfer.

Die Seiten-Paneele

Geräten mit seitlich abgerundeten Bildschirmkanten (Edge-Display) sind die Seiten-Paneele vorbehalten.

Dabei handelt es sich um ein zusätzliches Bedienelement, das über seinen *Reiter* mittels einer Wischgeste vom Bildschirmrand aus zum Display hin eingeblendet wird.

Ist das Seitenpanel aktiv, können Sie über das *Zahnrad*-Symbol dessen Einstellungen aufrufen, um beispielsweise zusätzliche Paneele auszuwählen und diese zu konfigurieren (*Bearbeiten* am unteren Bildrand).

Das Seiten-Paneel vereinfacht damit den Zugriff auf bestimmte Apps oder Kontakte – etwa solche, die Sie häufig verwenden.

Der einfache Modus

Sind Ihnen die Symbole, Widgets und Bedienelemente zu klein oder zu kompliziert? Auch dafür hält das Samsung Galaxy eine Lösung bereit.

Sie aktivieren den einfachen Modus in den *Einstellungen* (*Zahnrad*-Symbol) > *Anzeigeeinstellungen* > *Einfacher Modus* > *Schiebeschalter*. Sobald er aktiv ist, wird der Bildschirmzoom auf das Maximum gestellt und dem Anwendungsdock die Schaltfläche für den App Drawer hinzugefügt.

Eine Wischgeste nach rechts blendet zudem links vom Home-Bildschirm eine Seite mit Kontakt-Verknüpfungen ein. Hier können Sie wichtige Personen direkt hinterlegen und mit einem Klick künftig per Telefon oder SMS kontaktieren.

Die Bedienung entspricht ansonsten dem normalen Modus. Sie können also Symbole, Widgets und weitere Startbildschirme hinzufügen.

Auch sonst lässt sich Ihr Gerät im einfachen Modus wie gewohnt personalisieren. Beachten müssen Sie vor allem, dass bei einem Wechsel von einem Modus zum anderen alle Änderungen am Startbildschirm verloren gehen.

Weitere Anzeigeeinstellungen

Damit sich das Display Ihres Smartphones beispielsweise in der Hosentasche nicht versehentlich einschaltet und anschließend sogar Eingaben annimmt, sollten Sie den Schutz vor versehentlicher Berührung einschalten.

Außerdem können Sie noch die Berührungsempfindlichkeit erhöhen, falls der Touchscreen bei Nutzung einer Schutzfolie nicht mehr richtig reagiert. Der Bildschirmschoner hat keine Schutzfunktion. Er führt auf Wunsch während des Ladevorgangs jedoch eine Diaschau mit bunten Farbeffekten vor.

Gestensteuerung ersetzt die Navigationsleiste

Moderne Smartphonedisplays werden immer größer, der Rand immer schmaler. War einst am unteren Gehäuserand Platz für die Navigationstasten, geht das Display nun fast bis zum Rand des Geräts. Dies hat zur Folge, dass die Navigationsleisten als reine Symbole im Display abgebildet werden.

Google hat sich für Android und die Zukunft der Gestensteuerung zwei neue Navigationsvarianten ausgedacht, die ganz ohne die Navigationsleisten auskommen. Nach kurzer Eingewöhunungszeit muten die Gesten einfacher und unkomplizierter an.

Wenn Ihnen die Navigationsvarianten nicht zusagen, können Sie aber auch alles belassen wie gehabt.

So aktivieren Sie die neuen Wischgesten:

1 Aktivieren Sie in den *Einstellungen* die *Streichgesten* und tippen Sie anschließend auf *Weitere Optionen*.

2 Nun legen Sie fest, ob Sie nur *Von unten streichen* oder *Von den Seiten und von unten streichen* wollen, um die Tasten der Navigationsleiste zu ersetzen.

3 Falls Sie zuvor bei aktiver Navigationsleiste die Schaltflächenanordnung geändert haben, wird die neue Reihenfolge auch für die Gestensteuerung übernommen.

Option: Von unten streichen

Falls Sie die Option *Von unten streichen* gewählt haben, müssen Sie lediglich dort, wo vorher die Symbole der Navigationsleiste waren, vom unteren Bildschirmrand für die jeweilige Funktion nach oben streichen. Dann tauchen die gewohnten Symbole wieder auf.

Option: Von den Seiten und von unten streichen

Für den Fall *Von den Seiten und von unten streichen* gelten folgende neue Wischgesten:

▶ **Startbildschirm:** kurz vom unteren Bildschirmrand nach oben streichen

▶ **App-Übersicht:** kurz vom unteren Bildschirmrand nach oben streichen und halten

▶ **Zurück:** vom rechten oder linken Bildschirmrand aus zur Mitte wischen

▶ **App Drawer:** Zur Liste mit allen Apps gelangen Sie, indem Sie von unten weit nach oben wischen.

Die Kamera

Die Kamerasysteme moderner Smartphones
bieten immer mehr Funktionen. Aufwendige
Hardware mit mehreren Bildsensoren und
die hohe Rechenleistung der Smartphone-
Prozessoren ermöglichen es, immer bessere
Fotos zu machen.

Die Bildqualität

Die Frage ist: Was bringt ein System aus mehreren Kameras? Es hilft, das Platzproblem zu lösen, denn eigentlich sind Smartphones viel zu klein, um eine wirklich gute Kamera einzubauen. Also setzt auch Samsung auf unterschiedliche Kameras für unterschiedliche Zwecke, die zudem zusätzliche Bildinformationen liefern können, um per Software die Fotos automatisch zu bearbeiten. Auch wird die Brutto-Auflösung der Sensoren immer größer, was aber nicht automatisch zu höher aufgelösten Fotos führt, sondern zu „größeren" Pixeln.

Die Dreifach-Kamera des Galaxy S21

Beim S21 stehen Ihnen auf der Rückseite insgesamt drei Kameras zur Verfügung:

1 **Die Hauptkamera** kombiniert ein Weitwinkelobjektiv mit einem Blickwinkel von 79 Grad mit einem 12-Megapixel-Sensor.

2 **Die zweite Kamera** löst auch 12 Megapixel auf. Ihr Ultraweitwinkelobjektiv erfasst einen Blickwinkel von 120 Grad.

❸ Die dritte Kamera bietet einen 64-Megapixel-Sensor mit einem Blickwinkel von 76 Grad, worüber ein dreifacher hybrid-optischer Zoom realisiert wird.

Die dritte Kamera wird zwar als Tele-Kamera beworben, sie bietet allerdings nur einen hybrid-optischen Zoom. Dabei handelt es sich um einen digitalen Zoom, bei dem ein Bildausschnitt aus den 64 Megapixeln mit einer Nettoauflösung von 12 Megapixeln herausgeschnitten wird, was einen dreifachen Zoom ergibt. Der 30-fache *Space Zoom* kombiniert den hybriden Zoom mit einem klassischen digitalen Zoom und damit mit einem deutlichen Qualitätsverlust.

Vorteile von Galaxy S21+ und S21 Ultra

Das Plus-Modell verfügt in diesem Jahr über die gleiche Kamera-Hardware wie das Basismodell. Dem S21 Ultra spendiert Samsung jedoch wie im Vorjahr einen Tiefensensor, der zusätzliche Bildinformationen liefert, mit denen sich beispielsweise bei Portraits ein unscharfer Hintergrund errechnen lässt. Das S21 Ultra verfügt zudem über eine Hauptkamera mit 108-Megapixel-Sensor, der jedoch Bilder mit 12 Megapixeln erzeugt, indem er jeweils neun Pixel zu einem Bildpunkt zusammenfasst, was bessere Bilder bei schlechten Lichtverhältnissen ermöglicht. Außerdem gibt es zwei Tele-Kameras mit echtem optischen Zoom. Allerdings wird auch hier kräftig „gerechnet". Die Sensoren hinter den Teleobjektiven haben nur 10 Megapixel, die Bilder jedoch 12 Megapixel.

Die Foto-App: Kamera

Sie ist als dritte App ab Werk im Anwendungs-Dock abgelegt (ganz rechts). Sie können aber auch den Ein/Aus-Schalter zweimal schnell hintereinander drücken, um die Kamera-App zu starten.

Sobald die App geöffnet wird, geht die Kamera in den sogenannten Live-View-Modus: Auf dem Display wird genau das angezeigt, was die Kamera aufnimmt. Um das Bild herum sehen Sie die Bedienelemente, mit denen sämtliche Kamerafunktionen über das Touchdisplay gesteuert werden.

▶ **In der untersten Reihe** befinden sich das *Galerie*-Symbol, der *weiße Auslöser* und das *Symbol zum Wechsel zwischen Haupt- und Frontkamera*. Letzteres ist auch mit einer vertikalen Wischgeste über das Display möglich.

▶ **Darüber werden** die verschiedenen *Aufnahmemodi* angezeigt. Per horizontaler Wischgeste wechseln Sie zwischen den Aufnahmemodi. Oder Sie verschieben die Symbolleiste mit dem Finger. Der weiß unterlegte Modus in der Mitte ist der jeweils aktive Modus.

▶ **Oberhalb der Aufnahmemodi** werden, falls verfügbar, weitere Optionen für den aktuellen Modus angezeigt.

▶ **Am oberen Bildrand** sind die Symbole für die *Kameraeinstellungen*, den *LED-Blitz*, den *Selbstauslöser*, das *Bildformat* und die *Filter* platziert.

Je nach Kameraausstattung Ihres Smartphones fehlen einzelne Aufnahmemodi wie Hyperlapse oder Super-Slow-Motion. Auch sind möglicherweise einige Symbole an anderen Stellen zu finden – die Symbole selbst sind jedoch identisch.

Das erste Foto

Die Kamera-App ist ab Werk so konfiguriert, dass sie in den meisten Situationen automatisch die perfekten Einstellungen für Belichtungszeit, Blende, Brennweite und Lichtempfindlichkeit findet, da-

mit Sie für ein scharfes und gut ausgeleuchtetes Bild nur den Auslöser drücken müssen.

Richten Sie die Kamera also auf ein beliebiges Motiv und tippen Sie auf den *weißen Auslöser*. Als Auslöser dienen übrigens auch die Lauter- und Leiser-Taste im Gehäuserahmen. Sobald Sie das virtuelle Klicken des Auslösers hören, landet das Foto auch schon in der Galerie, wo Sie es sich jederzeit anschauen können. Eine Vorschau des letzten Fotos ersetzt zudem das Galerie-Symbol links des Auslösers.

Zoom- und Serienaufnahmen

Der Auslöser hat noch eine Zusatzfunktion. Über den Button nach unten streichen löst eine Serienaufnahme aus. Sie wird übrigens stets im Kameraspeicher abgelegt, auch wenn der Standardspeicher für Fotos eine SD-Karte sein sollte. In der Galerie wird eine Serie als ein Bild angezeigt – erst wenn Sie das Bild öffnen, können Sie durch die einzelnen Aufnahmen blättern, um das beste Foto auszuwählen.

Den Zoom aktivieren Sie indes mit der Zwei-Finger-Geste. Ziehen Sie die Finger auseinander, um das Motiv zu vergrößern. Schieben Sie die Finger wieder zusammen, um aus dem Motiv herauszuzoomen. Beachten Sie bitte, dass die Kamera des S21 und S21+ nur bis zum Faktor 3 verlustfrei arbeitet. Alles was darüber hinausgeht – bis zu 30-fachem Zoom – wird errechnet und ist mit einem Qualitätsverlust verbunden. Beim Galaxy S21 Ultra liegt die Grenze bei Faktor 10.

Das erste Selfie

Das erste Foto von sich selbst haben Sie genauso schnell im Kasten. Einfach das Symbol für den *Kamerawechsel* (rechts vom Auslöser) antippen oder vertikal über den Bildschirm wischen, um zur Frontkamera zu wechseln, *Auslöser* betätigen, sobald Sie ihr Gesicht im Display sehen – fertig.

Im Hintergrund hat die Frontkamera automatisch Ihr Gesicht erkannt und Schärfe und Belichtung darauf abgestimmt. Dass Ihr Gesicht tatsächlich erkannt wurde, wird durch einen Rahmen um Ihren Kopf herum angezeigt.

Die Aufnahmemodi

So gut der automatische Modus auch sein mag, er ist nicht immer die optimale Lösung. Außerdem schränkt er die Kreativität ein, denn Ihre Smartphone-Kamera beherrscht nicht nur spontane Schnappschüsse.

Der Fotomodus

Oberhalb des weiß unterlegten Symbols für den Fotomodus sehen Sie noch drei oder vier weitere *Baum*-Symbole. Sie stehen für die drei Kameras beziehungsweise deren unterschiedliche Brennweiten.

▶ **Standardmäßig** wird mit dem Weitwinkelobjektiv (*zwei Bäume*) fotografiert. Es ist für die meisten Aufnahmesituationen bestens geeignet.

▶ **Links davon** finden Sie das Symbol für das Ultraweitwinkelobjektiv (*drei Bäume*). Es hat einen deutlich größeren Blickwinkel, erfasst dafür aber auch weniger Details, weil das Motiv weiter entfernt erscheint (Zoomfaktor 0,5). Es ist ideal für Landschafts- und Panoramaaufnahmen.

▶ **Rechts indes** ist das Teleobjektiv. Dank Zoomfaktor 3.0 holt es das Motiv deutlich näher heran und stellt deswegen auch Details besser dar. Ein weiterer Vorteil: Die längere Brennweite ermöglicht den beliebten Bokeh-Effekt. Die Tele-Kamera ist also die Kamera der Wahl für Portraitaufnahmen oder auch Nahaufnahmen, bei denen der Hintergrund unscharf sein soll.

▶ **Schalten Sie über** das *Blitz*-Symbol am oberen Bildrand den LED-Blitz hinzu. Sie können den Blitz dauerhaft aktivieren, grundsätzlich ausschalten oder den automatischen Blitz nutzen.

▶ **Der** *Selbstauslöser* kann auf zwei, fünf oder zehn Sekunden eingestellt werden.

▶ **Über das** *Bildformat* legen Sie in erster Linie fest, mit welchem Seitenverhältnis die Fotos gespeichert werden. Indirekt stellen Sie damit aber auch die Auflösung ein. Die Sensoren haben nämlich ein Seitenverhältnis von 3 zu 4 (im Hochformat) – ihre maximale Auflösung erreichen Sie nur in dieser Einstellung. Alle anderen Seitenverhältnisse werden softwareseitig errechnet, indem das Bild vom 3-zu-4-Format auf das andere Format zugeschnitten wird.

▶ **Das** *3-zu-4-Format* mit 64 Megapixeln liefert ein unbeschnittenes Foto der „Tele-Kamera" mit voller Auflösung. Es verspricht zumindest in der Theorie mehr Details und Schärfe als ein 12-Megapixel-Bild der Hauptkamera.

▶ **Das zweite Symbol** von rechts aktiviert die Bewegungsaufnahme, die ein kurzes Video aufnimmt.

▶ **Über das** *Zauberstab*-Symbol rufen Sie die Filter auf. Sie helfen Ihnen, einen bestimmten Look zu erzielen, der Ihr Motiv besonders gut betont. Wischen Sie mit dem Finger durch die verfügbaren Filter. Der aktive Filter ist weiß umrandet. Wie er sich auswirkt, sehen Sie zudem als Vorschau im Display. Weitere Filter finden Sie im Galaxy App Store, den Sie über den *Downloadpfeil* am Ende der Filterliste erreichen.

Der Videomodus

Erinnerungen können Sie nicht nur im Foto, sondern auch als Film festhalten. Tippen Sie einfach in der Leiste der Aufnahme-Modi auf *Video*. Das Vorschaubild füllt nun fast den gesamten Bildschirm aus und zudem erhält der Auslöser einen roten Punkt, der die Aufnahmebereitschaft signalisiert.

▶ **Die Aufzeichnung starten** Sie wie gewohnt über den Auslöser oder die Lautstärketasten. Im Auslöser wird nun ein *schwarzes Viereck* angezeigt, über das Sie die Aufnahme anhalten. Sie können aber auch über das *Pausen*-Symbol links vom Auslöser die Aufzeichnung unterbrechen und anschließend fortsetzen. Dann werden die Aufnahmen als eine Datei gespeichert, sobald Sie über den Auslöser die Aufnahme stoppen.

▶ **Auch im** *Videomodus* stehen Ihnen alle Kameras (Weitwinkel, Ultraweitwinkel und Tele) zur Verfügung. Ein Wechsel zwischen den Kameras ist sogar während der Aufnahme möglich. Für einen nahtlosen Zoom müssen Sie lediglich die Pinch-to-Zoom-Geste ausführen. Auch hier gilt: Mehr als dreifacher Zoom verschlechtert die Qualität der Aufnahme.

▶ **Am oberen Bildrand** sehen Sie weitere, videospezifische Symbole. Nur bei ausgeschalteter Bildstabilisierung (*weiße-Hand*-Symbol) können Sie die Videoleuchte zuschalten (*Blitz*-Symbol). Oder Sie ändern bei Bedarf das Videoformat und fügen einen Filter hinzu. Die Bildstabilisierung (*gelbe-Hand*-Symbol) soll für ruhigere Aufnahmen sorgen.

Der 8K-Videomodus

Über die Funktion für das Videoformat starten Sie den 8K-Videomodus. Dabei wird das Videomaterial mit einer Auflösung von 7680 mal 4320 Pixeln aufgenommen, was der vierfachen Auflösung eines UHD-Videos entspricht – und 16-mal größer ist als Full HD.

8K-Videos benötigen sehr viel Speicherplatz und einen sehr schnellen Speicher. Außerdem kann nicht jedes Abspielgerät beziehungsweise jede Videosoftware diese Videos abspielen.

Ein wichtiger Vorteil dieses Formats ist die Funktion *8K-Video Snap*. Sie erzeugt Standbilder aus 8K-Videos, die immerhin eine Auflösung von 33 Megapixeln haben. Sie sind also in der Lage, über einen längeren Zeitraum Serienbilder mit bis zu 24 Bildern pro Sekunde aufzunehmen und anschließend einzeln zu speichern.

1 Gehen Sie in die Galerie und starten Sie ein 8K-Video.

2 Verschieben Sie die *Wiedergabemarkierung* (violett) bis zu einer Szene, die Sie gerne als Standbild festhalten wollen.

3 Tippen Sie nun links oben auf das *Standbild*-Symbol, um das Foto zu speichern.

4 Es findet sich anschließend in der Galerie bei Ihren anderen Fotos.

Der Single Take Modus

Wem der 8K-Modus nicht reicht, um einen Moment perfekt im Bild festzuhalten, der entscheidet sich für den *Single Take Modus*. Samsung packt hier fast alles, was die Kameras zu bieten haben, in eine Aufnahme.

Sobald Sie den Auslöser betätigen, nimmt Ihr Galaxy-Smartphone einen zehn Sekunden langen Videoclip auf. Samsung zufolge sollen Sie dabei die Kamera für

mindestens drei Sekunden schwenken. Auf der Aufnahme erstellt die Kamerasoftware anschließend mit künstlicher Intelligenz mehrere Foto- und Videomotive, aus der Sie sich Ihre Lieblingsaufnahme auswählen können. Optionen wie Bildformat und Zoom suchen Sie in diesem Modus vergeblich.

Superzeitlupe und Hyperlapse

960 Bilder pro Sekunde fängt die Videokamera des Galaxy S21 ein, wenn der Super-Slo-Mo-Modus aktiviert wurde – allerdings nur für 0,4 oder 0,8 Sekunden. Mit „normaler" Geschwindigkeit abgespielt, werden daraus jedoch mehrere Sekunden.

1 Tippen Sie auf *Mehr* und *Super Slo-Mo*, um die Superzeitlupe zu aktivieren.

2 Mit dem *Symbol oben rechts* schalten Sie die Aufnahme bei Bewegung ein. Es erscheint nun ein Quadrat im Display.

3 Starten Sie die Aufnahme.

4 Sobald ein sich bewegendes Objekt in das Quadrat eintritt, wird die Superzeitlupe aktiviert.

5 Die Superzeitlupe endet nach spätestens 0,8 Sekunden und das Video wird automatisch gespeichert.

Einen Nachteil hat die Superzeitlupe gegenüber der normalen Aufnahme: Die Auflösung ist auf 1280 mal 720 Pixel begrenzt. Im Vergleich zur möglichen 8K-Auflösung bedeutet dies deutliche Qualitätseinbußen.

Falls Sie „mehr" Bildqualität benötigen und auch kontinuierlich „verlangsamt" aufnehmen wollen, wählen Sie den *Zeitlupenmodus*. Er liefert immerhin Videos mit einer Auflösung von 1920 mal 1080 Bildpunkten (Full HD), jedoch mit einer geringeren Verzögerung als bei der Superzeitlupe.

Das Gegenteil der Zeitlupe ist der *Hyperlapse-Modus*. Hier wird die Aufnahme deutlich beschleunigt wiedergegeben. Eine Szene, die 20 oder 30 Sekunden dauert, reduziert der Hyperlapse-Modus auf ein bis drei Sekunden – in Abhängigkeit von den erfassten Bewegungen.

Der Portrait-Modus

Dahinter verbirgt sich ein besonderer Modus der Galaxy-Kamera. Es stehen Ihnen mehrere Effekte zur Verfügung, mit denen Sie ein Motiv im Vordergrund betonen können.

Sie können beispielsweise die Hintergrundunschärfe erhöhen oder die Farbigkeit des Hintergrunds reduzieren, so als würden Sie eine Person vor einem schwarz-weißen Hintergrund aufnehmen. Der Live-Fokus ist auch für die Frontkamera auswählbar.

Der Pro-Modus

Hier entfaltet die Kamera eines Galaxy-Smartphones ihr gesamtes Potenzial – wenn er auch nicht bei allen Modellen verfügbar ist.

Passen Sie darin über die untere Symbolleiste die Filmempfindlichkeit, die Belichtungszeit, Farbtemperatur und Sättigung, den Fokus und den Weißabgleich an. Außerdem steht ein Belichtungsausgleich zur Verfügung. Die obere Symbolleiste hält am rechten Rand das Symbol für die Belichtungsmessung bereit.

▶ **Eine höhere ISO-Empfindlichkeit** erlaubt kürzere Belichtungszeiten bei schlechten Lichtverhältnissen. Höhere ISO-Werte reduzieren aber auch die Bildqualität.

▶ **Über das** *Blenden*-Symbol steuern Sie die Belichtungszeit. Eine kürzere Belichtungszeit lässt Bewegungen einfrieren, benötigt aber auch mehr Licht.

▶ **Das mit** *Standard* bezeichnete Kreissymbol gibt unter anderem Regler für Farbtemperatur, Farbton, Kontrast und Sättigung frei.

▶ Das *AF*-Symbol (Autofokus) stellt von der automatischen auf die manuelle Fokussierung um. So können Sie gezielt einen Bereich des Motivs scharfstellen.

▶ **Der automatische** *Weißabgleich* (*WB*, englisch: White Balance) hat Einfluss auf die Farbwiedergabe. Wischen Sie mit dem Finger über das *Farbband*, um den Wert für den Weißpunkt zu verändern und beispielsweise das gelbliche Licht von Glühbirnen auszugleichen.

▶ **Oben rechts** schließlich ist das Symbol für die *Belichtungsmessung*. Damit stellen Sie ein, ob die Automatik das gesamte Bild oder nur einen Teilbereich analysiert, um die korrekte Belichtung zu ermitteln.

Der Panorama-Modus

Für ein Panorama nimmt die Kamera, während Sie sie wie auf dem Display angezeigt horizontal bewegen, mehrere Fotos auf und fügt sie zu einer Aufnahme zusammen.

Halten Sie die Kamera möglichst ruhig während der Aufnahme und drehen Sie sich langsam und gleichmäßig – so erzielen Sie die besten Resultate.

Achten Sie auch darauf, das Smartphone nicht zu kippen, während Sie sich drehen. Der rechteckige Rahmen, der den aktuellen Aufnahmebereich darstellt, sollte sich möglichst stets innerhalb der beiden horizontalen Markierungen bewegen, die wiederum den Bildausschnitt repräsentieren.

Die Regie-Ansicht

Hier bietet Samsung eine neue Funktion für Vlogger und Youtuber. Sie können so Videos erstellen, die nicht nur das Bild der Hauptkamera zeigen, sondern in einer geteilten Bildschirmansicht zusätzlich das Bild der

Frontkamera. Das erlaubt es Ihnen, Ihre Aufnahme nicht nur zu kommentieren, sondern den Kommentar auch als Video festzuhalten.

Der Nachtmodus

Smartphonekameras müssen heute auch in der Lage sein, unter sehr schlechten Lichtbedingungen gute Fotos zu machen. Der Schlüssel dafür ist, neben einer guten Software, eine lange Belichtungszeit. Die bietet Samsung im Nachtmodus: Ein Foto kann so zehn Sekunden oder noch länger belichtet werden.

Das geht natürlich nur, wenn man die Kamera mit einem Stativ verwendet oder irgendwo abstellt. Samsungs Software versteht sich zwar auch darauf, Verwackler zu kompensieren, dies geht aber zu Lasten der Bildqualität.

Die allgemeinen Kameraeinstellungen

Über das *Zahnrad*-Symbol in der oberen Symbolleiste erreichen Sie die allgemeinen *Kameraeinstellungen*, mit der Sie weitere Funktionen an Ihre Bedürfnisse anpassen können.

▶ **Szeneoptimierung:** Diese Funktion verbessert Aufnahmen bei schlechten Lichtverhältnissen, erleichtert das Abfotografieren von Texten und verstärkt Lichtreflexe von Lampen und anderen Lichtquellen in dunklen Szenen.

▶ **Aktivieren Sie** die Funktion *QR-Codes scannen*, um mit der Kamera-App automatisch QR-Codes scannen zu können.

▶ **Legen Sie fest,** was passiert, wenn Sie den Auslöser gedrückt halten. In der Voreinstellung ist die Funktion mit der Serienaufnahme belegt.

▶ **In den** *Erweiterten Optionen* können Sie als Alternative zu *JPEG* das Bildformat *HEIF* aktivieren, das weniger Platz benötigt, aber nicht von allen Geräten/PCs erkannt wird. Zudem können Sie festlegen, dass im Pro-Modus neben JPEG-Dateien auch RAW-Dateien gespeichert werden (siehe „Fotos speichern", Seite 100).

▶ **Aktivieren Sie die** *HDR-Funktion*, um kontrastreichere Bilder aufzunehmen.

▶ **Der** *Verfolgungs-Autofokus* sorgt dafür, dass ein Motiv scharf bleibt, während es sich bewegt und Sie es mit der Kamera verfolgen. Die Funktion steht nur bei Videoauflösungen bis Full HD zur Verfügung.

▶ *Geotagging* **versieht Ihre Fotos** mit Standortdaten und zeigt Bilder in bestimmten Anwendungen sogar auf einer Karte an. Falls Sie ein solches Foto teilen, erfährt der Empfänger, wo Sie das Foto aufgenommen haben.

▶ **Das Raster hilft** bei der Bildkomposition und der horizontalen Ausrichtung der Kamera.

▶ **Über** *Auslöser* legen Sie fest, ob die *Lautstärketasten* als Auslöser oder für die Zoomfunktion benutzt werden sollen.

Die Fotoalbum-App: Galerie

Sie ist Ihr elektronisches Fotobuch, in dem automatisch alle Bilder angezeigt werden – Fotos, die Sie mit der Kamera aufnehmen, und

Info

Fotos speichern – welches Dateiformat ist das beste? Hier sollten Sie abwägen zwischen Kompatibilität und Qualität.

▶ Der Standard für digitale Fotos ist schon seit vielen Jahren das *JPEG*-Format (Dateiendung JPG oder JPEG). Es wird von jedem PC, mobilen Gerät, jedem Online-Dienst und auch von jeder Software unterstützt. JPEG ist jedoch ein „verlustbehaftetes" Format: Es enthält nicht mehr alle Bilddaten, die ursprünglich zur Verfügung standen. Einschränkungen ergeben sich vor allem bei der Bildnachbearbeitung.

▶ Das relativ neue Format *HEIF* (High Efficiency Image Format) arbeitet nach einem sehr ähnlichen Prinzip, komprimiert die Daten jedoch effizienter. Das Ergebnis sind Dateien, die weniger Platz benötigen, ohne dass die Bildqualität leidet. Da HEIF sehr neu ist, wird es nicht von jeder Software unterstützt. Windows 10 und macOS 10.15 Catalina und neuer beherrschen das Format jedoch.

▶ *RAW* wiederum ist streng genommen gar kein Bild, sondern das Rohdatenformat der Kamera. RAW-Dateien werden zwar auch schon ein wenig von der Kamera bearbeitet, gelten aber trotzdem als digitales Negativ. Sie richten sich von daher an Anwender, die gerne alle Möglichkeiten einer modernen Bildbearbeitung nutzen wollen. Auch dieses Format hat Nachteile: Zum einen sind RAW-Dateien mehr als 20 MByte groß – JPEG-Dateien bringen es auf 2 bis 3 MByte –, zum anderen muss man eine Bildbearbeitungssoftware sehr gut beherrschen, um ähnlich gute Ergebnisse zu erzielen wie Samsungs Kamerasoftware.

auch solche, die Sie beispielsweise von einem PC auf Ihr Smartphone kopieren oder über einen Messenger wie WhatsApp empfangen. Die Bedienung erfolgt über die Registerkarten *Bilder*, *Alben* und *Storys*.

▶ *Bilder* **zeigt Ihnen** alle Fotos unabhängig von ihrer Herkunft zeitlich sortiert an.

▶ **Sie können Ihre Fotos** zur besseren Übersicht aber auch in Alben organisieren. Aus Ordnern, in denen Apps wie die Kamera, aber auch WhatsApp und Instagram Fotos ablegen, werden übrigens automatisch auch Alben.

▶ *Storys* **wiederum sind** Foto-Geschichten, die die Galerie aus Ihren Bildern erstellt. Sie orientiert sich dabei am Aufnahmedatum, dem Standort sowie den erkannten Motiven, um beispielsweise Fotos eines Familienausflugs zu einer Story zusammenzufassen.

Die Bildansicht

Galerie ist die App der Wahl, um Bilder anzuzeigen oder auch als Diashow vorzuführen.

Wenn Sie schon einige Fotos aufgenommen haben, geht das folgendermaßen:

▶ **Tippen Sie** auf ein Bild, um es zu öffnen.

▶ **Mit einem Doppeltippen** wird die Ansicht vergrößert. Das Bild können Sie nun mit einem Finger verschieben.

▶ **Ein zusätzliches Doppeltippen** kehrt zur vorherigen Ansicht zurück.

▶ **Per horizontaler Wischgeste** blättern Sie durch die Bilder.

▶ **Wischen Sie** von unten nach oben, um sich weitere Details zu dem Foto anzeigen zu lassen. Wischen Sie von oben nach unten, um zum Foto zurückzukehren.

▶ **Die Symbole** am unteren Bildrand erlauben es, ein Foto als Favorit zu markieren, die Bildbearbeitung zu starten, ein Bild zu teilen oder zu löschen.

▶ **Das** *Teilen*-**Symbol** (links neben dem Papierkorb) öffnet den Dialog, mit dem Sie das Foto verschicken und teilen können – beispielsweise per SMS, E-Mail oder Facebook. Sie können Bilder aber auch per Smart View auf WLAN-fähigen Fernsehern wiedergeben, falls diese Miracast oder Wi-Fi Direct unterstützen. Diese Funktionen aktivieren Sie im Einstellungsmenü Ihres Fernsehers.

Bilder bearbeiten

Die Galerie-App bietet Ihnen aber auch die Möglichkeit, Ihre Fotos gleich zu bearbeiten, im Nachhinein zu verbessern oder kreativ zu bearbeiten.

Tippen Sie dazu auf das *Stift*-Symbol. Über die Symbolleiste am unteren Bildrand rufen Sie die einzelnen Bearbeitungsfunktionen auf.

▶ **Das linke Symbol** bietet Funktionen, um das Bild zu drehen oder zuzuschneiden. Sie können aber auch nachträglich das Seitenverhältnis ändern, das Foto spiegeln oder vertikal beziehungsweise horizontal kippen, um optische Verzerrungen auszugleichen.

▶ **Die** *drei Kreise* blenden eine Auswahl an Filtern und Effekten ein.

▶ **Das nächste Symbol** hält Regler bereit, um Belichtung, Kontrast und Sättigung anzupassen.

▶ **Rechts davon** erhalten Sie Zugriff auf *Sticker* und *AR-Emojis*.

▶ **Für weitere Funktionen** verschieben Sie die *Symbolleiste* mit dem Finger nach links.

▶ **Über das** *Pinsel*-Symbol starten Sie den Zeichenmodus, um beispielsweise einen Teil des Fotos mit einem Kreis zu markieren.

▶ **Fügen Sie** über das *T*-Symbol einen Text in Ihr Foto ein.

Das Menü der Galerie-App

Hier finden Sie verschiedene Zusatzfunktionen, etwa um ein Album zu erstellen oder vorhandene Alben auszublenden. Sie können Alben aber auch sortieren oder Alben zu einer Gruppe hinzufügen.

In den *Einstellungen* der Galerie (Sie erreichen sie über die *drei Balken unten rechts*) sollten Sie die Punkte

▶ *Papierkorb*,

▶ *HEIF-Bilder* sowie

▶ *HDR10+-Videos konvertieren* aktivieren.

Die Konvertierung ist empfehlenswert, da beide Formate (HEIF und HDR10+) bisher wenig verbreitet sind und ein Empfänger sie möglicherweise nicht verarbeiten kann. Der Papierkorb hilft Ihnen bei der Wiederherstellung versehentlich gelöschter Bilder.

Die Cloud-Synchronisierung

Die Galerie-App bietet Ihnen auch eine komfortable Möglichkeit, von vielen anderen Geräten aus wie Tablet, PC oder Mac auf Ihre Fotos zuzugreifen. Dafür müssen Sie in den *Galerieeinstellungen* den obersten Punkt *Mit OneDrive synchronisieren* aktivieren.

Nun lädt Ihr Smartphone im Hintergrund alle Fotos auf den Server von Microsoft hoch und Sie sind etwas mehr geschützt vor Datenverlust.

Unter Umständen ist vorab eine Registrierung bei Microsoft erforderlich, falls Sie noch kein Microsoft-Konto haben. Auch besteht eine Maximalgrenze an kostenfreiem Speicherplatz. Sind Sie auf einem anderen Samsung-Gerät wie einem Tablet oder einem Smart-TV ebenfalls angemeldet, können Sie Ihre Fotos auch dort jederzeit abrufen.

Story erstellen

Neben der Bildbearbeitung können Sie aber Fotos auch zu sogenannten Storys zusammenstellen. Das ist eine Art automatisch ablaufende Diashow mit Ihren zuvor ausgewählten Lieblingsfotos.

1 Um eine Story zu beginnen, wechseln Sie zur Registerkarte *Storys* und wählen Sie im Menü den Punkt *Story erstellen*.

2 Vergeben Sie einen Namen.

3 Markieren Sie nun die Bilder, die Sie zu dieser Story hinzufügen wollen.
4 Schließen Sie den Vorgang mit *Fertig* ab.
5 Sie können sich nun die Bilder der Story anschauen.
6 Über das Menü (*drei Punkte oben rechts*) lassen sich weitere Bilder hinzu-

fügen oder ein *Highlight* aus der Story erstellen, was nichts anderes als eine Diashow als Video ist.

Der perfekte Sofort-Schnappschuss

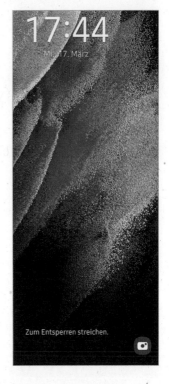

Der Vorteil der Smartphone-Kamera ist, dass Sie sie immer dabei haben.

Und wenn dann dieser ganz besondere Moment kommt, den man unbedingt festhalten möchte, muss es manchmal sehr schnell gehen. Aber auch daran hat Samsung gedacht. So starten Sie die Kamera in wenigen Augenblicken:

1 Nachdem Sie ihr Smartphone hervorgeholt haben, müssen Sie nur zweimal die *Ein/Aus*-Taste drücken, um die Kamera zu starten.

2 Auslösen können Sie wie gewohnt mit dem weißen Button auf dem Bildschirm oder einer der Lautstärketasten.

3 Falls Sie schneller mit dem Touchscreen als mit den Hardwaretasten sind, gibt es auch hierfür eine gute Alternative: doppelt auf das Display tippen, um es einzuschalten, und dann das Kamerasymbol unten rechts in Richtung der Bildschirmmitte ziehen – schon startet die Kamera-App und ist aufnahmebereit.

Die erweiterten Funktionen

Smartphones werden immer leistungsfähiger – sie haben sich bereits Funktionen erobert, die vor nicht allzu langer Zeit noch Computern und Notebooks vorbehalten waren. Von daher bietet es sich an, ein Smartphone nicht nur zum Telefonieren, Surfen und Nachrichtenschreiben zu verwenden. Erfahren Sie, mit welchen Apps Sie den Funktionsumfang Ihres Geräts erweitern und auch die Grundfunktion effektiver einsetzen können.

Der virtuelle Assistent Bixby

Google hat den *Assistant*, Apple hat *Siri*, Amazon hat *Alexa* – und Samsung hat *Bixby*. Einen sprachgeführten Assistenten, der dank künstlicher Intelligenz in der Lage sein soll, Informationen zu liefern und wiederkehrende Aufgaben zu erledigen. Maschinelles Lernen soll den Assistenten zudem immer besser machen, je länger Sie ihn nutzen.

Assistenzsysteme, egal welche, benötigen Daten, und zwar Ihre Daten. Ohne die Daten kann der Assistent Ihnen nicht helfen. Es werden also nicht nur Ihre Fragen und Sprachbefehle an Samsung übermittelt, auch die Antworten und wie Sie damit umgehen. Das alles geschieht laut Samsung zwar anonymisiert – die Daten lassen sich später nicht mehr zu Ihnen zurückverfolgen –, aber Sie sollten sich im Klaren sein, dass Sie einen Teil Ihrer Privatsphäre aufgeben, um diese Komfortfunktion nutzen zu können.

Allerdings hat sich gezeigt, dass vor allem Bixby bei Nutzerinnen und Nutzern nicht so beliebt ist, wie Samsung es sich erhofft hat: Der mit dem Galaxy S8 eingeführte Bixby-Button auf der linken Gehäuseseite gehört der Vergangenheit an.

1 Stattdessen wird der Assistent nun durch langes Drücken der *Funktionstaste* auf der rechten Gehäuseseite aufgerufen.

2 Bixby heißt Sie nun willkommen und führt Sie per Sprache durch einen Einrichtungsdialog. Trotzdem müssen Sie immer wieder auf Pfeile oder andere Bedienelemente tippen, um Eingaben zu bestätigen und Auswahlen zu treffen.

3 Dem Erhalt von Marketinginformationen müssen Sie selbstverständlich nicht zustimmen.

4 Nach der Ersteinrichtung ist auch der Aktivierungsbefehl „Hi, Bixby" verfügbar – Sie können Bixby also direkt per Sprachbefehl nutzen und müssen nicht mehr den Umweg über die Funktionstaste gehen.

In erster Linie befolgt Bixby Sprachbefehle, um Apps zu öffnen und bestimmte Aufgaben auszuführen. „Hi, Bixby, wie viel Uhr ist es" bringt Ihr Smartphone beispielsweise dazu, die Uhrzeit anzusagen. Die Frage nach der aktuellen Temperatur beantwortet Bixby ebenfalls zuverlässig. Zudem wird die Wetter-App eingeblendet. Neue Diensteanbieter erlauben es Bixby, beispielsweise Tankstellen in der Nähe auf einer Karte anzuzeigen und aktuelle Spritpreise zu ermitteln.

Bixby beantwortet aber eben nicht nur Fragen, der Assistent bedient auch bestimmte Apps. Welche das sind und was Sie alles sprachgeführt erledigen können, erfahren Sie nach einem Tipp auf das Menü-Symbol am linken Bildrand.

▶ **Tippen Sie nun auf** *Eigene Kapseln*, um sich eine Liste aller unterstützten Apps und Dienste anzeigen zu lassen.

▶ **Tippen Sie auf** eine App, um eine Liste von Befehlen aufzurufen. So kann die E-Mail-App beispielsweise mithilfe von Bixby nicht nur ungelesene Nachrichten anzeigen, sondern auch vorlesen. Oder Sie schreiben eine neue Nachricht an einen bestimmten Kontakt.

▶ **Bixby findet aber auch** Videos der Stiftung Warentest auf Youtube oder eine Not-Apotheke in Ihrer Umgebung – oder führt einen Preisvergleich für Sie durch.

▶ **Drittanbietern müssen Sie** unter Umständen aber den Zugriff auf Ihre Daten gewähren.

Sehr hilfreich ist Bixby beispielsweise während einer Autofahrt. Per Sprachbefehl können Sie einen Anruf entgegennehmen oder auch einen Kontakt oder gar eine beliebige, nicht gespeicherte Nummer anrufen. Oder Sie lassen sich Tankstellen in der Nähe anzeigen und per Sprachnavigation dorthin führen. Auch SMS verschicken Sie bequem per Sprache.

Einen Schnellbefehl einrichten

Bixby hilft Ihnen aber auch, in bestimmten Situationen oder an bestimmten Orten wiederkehrende Aufgaben zu erledigen.

So können Sie Bixby beispielsweise sagen, dass Sie gerade zu Hause angekommen sind. Der zugehörige Schnellbefehl schaltet dann beispielsweise das WLAN ein, reduziert die Klingeltonlautstärke und stellt per Bluetooth automatisch eine Verbindung zu einem Musiksystem her, um eine bestimmte Playlist abzuspielen – alles mit einem Sprachbefehl wie „Bin zu Hause".

Eine Übersicht möglicher Schnellbefehle sehen Sie, nachdem Sie im *Menü* auf *Schnellbefehle* getippt haben. Wählen Sie nun aus den Empfehlungen oder den unter *Meine Befehle* hinterlegten Beispielen einen Schnellbefehl aus.

1 Tippen Sie auf den *Schnellbefehl*, um die zugehörigen Befehle zu sehen.

2 Bearbeiten Sie bei Bedarf die Befehle oder tippen Sie in das Feld für den Sprachbefehl am oberen Bildrand, um diesen zu ändern. Sie können auch die Reihenfolge der Befehle ändern.

3 Oder Sie bearbeiten die unter *Das macht Bixby* aufgeführten Befehle beziehungsweise fügen einen neuen Befehl hinzu.

4 Tippen Sie auf *Speichern*, um den Schnellbefehl zu Ihren Befehlen hinzuzufügen. Sie finden ihn anschließend in der Registerkarte *Meine Befehle* in der Übersicht der Schnellbefehle.

5 Klicken Sie in der *Übersicht* oben auf das *Plus*-Zeichen, um einen Schnellbefehl neu anzulegen. Auch nun müssen Sie einen Sprachbefehl definieren und einzelne Befehle hinzufügen.

Eine Bixby-Routine einrichten

Möchten Sie Schnellbefehle ohne Sprachbefehl ausführen, stattdessen beispielsweise zu einer wiederkehrenden Uhrzeit oder bei Erreichen eines bestimmten Orts?

Auch hier hilft Bixby weiter, und zwar mit den sogenannten Routinen. Sie verstecken sich allerdings in den Schnellzugriffen. Tippen und halten Sie das Symbol, um die App *Bixby Routines* zu öffnen.

▶ **Tippen Sie zunächst** auf die *drei Punkte* für das Menü und öffnen Sie die *Einstellungen*, um bei Bedarf ein Symbol für die Bixby Routines im App Drawer abzulegen.

▶ **Tippen Sie nun** am unteren Bildrand auf *Neue Routine*.

▶ *Wenn*: Definieren Sie zunächst den Auslöser der Routine. Das kann eine Uhrzeit oder ein Ort sein, aber auch das Anschließen eines

Kopfhörers, dass Erreichen eines Akkuladestands oder das Öffnen einer App.

▶ **Tippen Sie auf** das *Plus*-Zeichen unter dem ersten Auslöser, um einen weiteren Auslöser festzulegen. So lässt sich beispielsweise eine Routine definieren, die nur dann ausgeführt wird, wenn eine App zu einer bestimmten Zeit geöffnet wird.

▶ *Dann*: Nun wählen Sie aus, was passieren soll, wenn die Bedingungen für die Auslöser erfüllt wurden.

▶ **So können Sie** beispielsweise die mobile Datenverbindung für eine App einschalten oder mit Anschluss eines Kopfhörers Dolby Atmos aktivieren. Oder Sie schalten, sobald Sie am Arbeitsplatz angekommen sind, das WLAN ein, die mobilen Daten aus und den Tonmodus auf Vibrieren.

Bixby – nützlicher Helfer oder unnütze Spielerei?

Noch sind Assistenten wie Bixby nicht in der Lage, den sprechenden Computern in Science-Fiction-Fernsehserien das Wasser zu reichen. Auch wirkt es auf viele Menschen befremdlich, wenn jemand in der Öffentlichkeit mit seinem Smartphone spricht. Aber sich beispielsweise im Auto, während das Smartphone in einer Halterung steckt, per Sprachbefehl eine SMS vorlesen lassen oder zu Hause anrufen, um eine staubedingte Verspätung anzukündigen, scheinen sehr gute Anwendungsbeispiele zu sein.

Ein hohes Potenzial haben auch die Schnellbefehle und die Routinen. Wer sein Smartphone beispielsweise am Bett liegen hat, nachts aber nicht gestört werden will, zusätzlich das WLAN ausschaltet und das Always On Display dauerhaft einschaltet, kann diese Aktionen zu einem Schnellbefehl zusammenfassen – und mit einem zweiten Schnellbefehl morgens Klingelton und WLAN wieder ein- und das Always On Display wieder ausschalten.

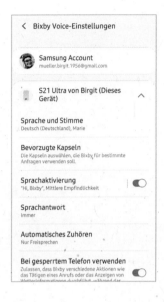

Die Einstellungen von Bixby

Öffnen Sie das *Menü* von Bixby und tippen Sie dann auf das *Zahnrad*-Symbol neben Ihrem Profilbild.

▶ Wählen Sie eine Sprache und auch eine Stimme aus.

▶ Sie können außerdem festlegen, ob Bixby immer oder nur bei Nutzung einer Freisprechanlage per Sprachausgabe antwortet.

▶ Beachten Sie, dass Bixby in der Voreinstellung auch bei gesperrtem Gerät funktioniert. Unbefugte können so auf bestimmte Daten zugreifen und Bixby für ihre Zwecke missbrauchen.

Der Google Assistant und Amazon Alexa

Die Assistenten von Google und Amazon sind ebenfalls für Samsung-Smartphones erhältlich. Auch mit ihrer Hilfe können Sie das Wetter oder die Uhrzeit abrufen oder andere Informationen einholen. Oder Sie steuern die Smart-Home-Produkte des jeweiligen Anbieters. Selbstverständlich lassen sich Google Assistant, Alexa und Bixby auch parallel verwenden.

Die Ordner-App:
Eigene Dateien

Die Dateien auf Ihrem Smartphone verwalten Sie mit der App *Eigenen Dateien*, die sich im Samsung-Ordner im App Drawer befindet. Sie zeigt nach dem Start die zuletzt verwendeten Dateien an, Dateikategorien und die verfügbaren Speicherorte.

▶ Über die Kategorien greifen Sie gezielt auf bestimmte Dateitypen wie Bilder, Videos, Musikdateien oder Dokumente zu.

▶ **Im internen Speicher** befinden sich neben dem Betriebssystem auch alle installierten Apps sowie verschiedene voreingestellte Ordner wie *Downloads*, *Pictures* oder auch der Kamera-Ordner *DCIM*.

▶ **Auf der SD-Karte** legen vor allem Sie Daten ab. Das kann Ihre Musiksammlung sein oder ein Fotoalbum. Auch bestimmte Apps können Daten auf der SD-Karte statt im internen Speicher hinterlegen.

▶ **Cloud:** Die App integriert auch die Cloud-Dienste *Google Drive* und *Microsoft OneDrive*. Sobald Sie ein Konto eines dieser Anbieter haben, haben Sie automatisch auch Zugriff auf kostenlosen Online-Speicher. Tippen Sie auf den gewünschten Speicher, um sich anzumelden und dessen Inhalt anzuzeigen. Sie können aber auch einen Netzwerkspeicher hinzufügen.

Dateizugriffe nach Kategorie

Tippen Sie auf eine Kategorie, um sich beispielsweise alle Bilder anzeigen zu lassen. Im Gegensatz zur Galerie sehen Sie hier allerdings keine Alben, sondern Ordner. Tippen Sie auf einen Ordner, um dessen Inhalt aufzurufen. Sobald Sie auf eine Datei tippen, wird diese mit der zugehörigen App geöffnet – im Fall von Fotos wäre dies die Galerie-App. Ist noch keine App fest zugeordnet, fragt Android, welche App benutzt werden soll. Sie müssen nur noch festlegen, ob Sie diese App *einmalig* oder *immer* zum Öffnen dieses Dateityps verwenden wollen.

Zugriff über Speicherort

Wenn Sie wissen, wo eine Datei liegt, wählen Sie *Interner Speicher* oder *SD-Karte*, um auf sie zuzugreifen. Nun sehen Sie eine Ordnerliste. Interessant sind die folgenden Ordner, da sie häufig von Apps benutzt werden. Dieselben Ordner sehen Sie übrigens auch im Datei-Manager Ihres PCs, wenn Sie von dort aus per USB auf das Smartphone zugreifen:

▶ **DCIM:** Hier landen alle mit der Kamera aufgenommenen Fotos und auch alle Screenshots. Sobald Sie eine Speicherkarte eingelegt haben, speichert die Kamera alle Inhalte übrigens im DCIM-Ordner auf der Speicherkarte. Ansonsten liegen sie im DCIM-Ordner im internen Speicher.

▶ **Documents:** Falls Sie Dokumente, also Text-Dateien, Word-Dateien oder PDFs suchen oder Apps zur Verfügung stellen wollen, sollten Sie hier nachschauen.

▶ **Download:** Speicherort aller heruntergeladenen Dateien

▶ **Movies:** Speicherort für Filme und Serien

▶ **Music:** Speicherort für Musik

▶ **Notifications:** Speicherort für Benachrichtigungstöne

▶ **Pictures:** noch ein Ordner für Bilder, der jedoch nicht von der Kamera benutzt wird

▶ **Weitere eigene Ordner** gibt es für Klingeltöne (*Ringtones*), *Podcasts*, Wiedergabelisten (*Playlists*) und Sprachaufnahmen (*Voice Recorder*).

Diese Ordner sollten Sie aus einem einfachen Grund kennen: Haben Sie nämlich bereits Inhalte auf einem PC oder Mac oder anderem Gerät, die Sie auf Ihrem Smartphone nutzen möchten, dann können Sie diese Inhalte einfach auf das Smartphone kopieren.

Im richtigen Ordner gespeichert, ist sichergestellt, dass die zugehörige Smartphone-App den Inhalt auch findet und nutzen kann. Als Beispiel hatten wir bereits die eigenen Benachrichtigungstöne, die das Galaxy-Smartphone nur nutzen kann, wenn sie im Notifications-Ordner liegen.

Cloud-Speicher

Daten auf fremden Servern ablegen – da ist eine gewisse Skepsis tatsächlich angebracht. Die hier vertretenen Anbieter Google und Microsoft sind jedoch durchweg als vertrauenswürdig einzustufen, trotz aller auch berechtigten Kritik an der Datensammelwut des einen oder anderen Unternehmens. Daten, die unter keinen Umständen öffentlich werden dürfen, sollte man aber vielleicht besser keiner Cloud anvertrauen.

Ansonsten nutzen Sie einfach die Vorteile eines Cloud-Speichers: Sie haben dort abgelegte Daten jederzeit und überall zur Hand – mit einem begrenzten Speicherplatz (Google 15 GByte, Microsoft 5 GByte) sogar kostenlos. Verschieben Sie Dateien vom internen Speicher in einen Cloud-Speicher, um mit der zugehörigen App von Mac oder PC die Daten wieder abzurufen.

Microsoft und Google haben zudem eigenständige Apps für ihre Cloud-Speicher (OneDrive und Google Drive), die wahrscheinlich auch auf Ihrem Samsung-Smartphone vorinstalliert sind.

Netzwerkspeicher

Immer häufiger finden sich auch in Privathaushalten und Büros sogenannte Netzwerkspeicher (NAS, englisch: Network Attached Storage). Im Prinzip handelt es sich um Festplatten, die nicht direkt an einen PC angeschlossen und stattdessen über das Netzwerk erreichbar sind. Auch vielen Besitzern einer Fritz!Box steht eine NAS-Funktion zur Verfügung – sie müssen lediglich einen USB-Speicher an ihren Router anschließen.

1 Tippen Sie auf *Netzwerkspeicher*, um eine Verbindung zu einem NAS herzustellen.

2 Möglicherweise verlangt *Eigene Dateien* nun ein Update, das Sie zuerst installieren müssen (auf Aktualisieren klicken). Über Öffnen kehren Sie in dem Fall zur Dateien-App zurück, um erneut auf Netzwerkspeicher zu tippen.

3 Gewähren Sie die benötigten Berechtigungen und tippen Sie auf *Netzwerkspeicher hinzufügen*.

4 Sie haben nun drei Optionen: *FTP*, *SFTP* und *SMB*. Dabei handelt es sich um verschiedene Techniken, um eine Verbindung zu einem Netzwerkspeicher herzustellen. Ein NAS unterstützt in der Regel *SMB*, in Ausnahmefällen benötigen Sie *FTP* oder *SFTP*.

5 Tippen Sie auf *SMB*, um eine Liste der per SMB erreichbaren Netzwerkspeicher anzuzeigen.

6 Wählen Sie eines der Geräte durch Antippen aus und geben Sie die benötigten Informationen ein. *Adresse* und *Port* müssen in der Regel nicht geändert werden. Der *Benutzername* und das *Passwort* entsprechen den von Ihnen festgelegten Anmeldedaten für das Gerät.

7 Schließen Sie die Einrichtung mit *Hinzufügen* ab. Anschließend sollten Sie die Ordnerstruktur Ihres Netzwerkspeichers sehen. Künftig rufen Sie Ihr NAS in der Eigene-Dateien-App über *Netzwerkspeicher* auf.

Ordner oder Dateien löschen

1 Tippen oder halten Sie eine Datei oder einen Ordner, um den Bearbeitungsmodus zu starten.

2 Die angetippte Datei oder der Ordner ist bereits ausgewählt – erneutes Antippen entfernt den Haken.

3 Weitere Dateien/Ordner fügen Sie durch Antippen hinzu. Oder Sie tippen am oberen Bildrand auf *Alle*, um den gesamten Inhalt des Ordners inklusive Dateien und Unterordnern auszuwählen.

4 Schließen Sie den Vorgang mit *Löschen* am unteren Bildrand ab. Seit Android 10 integriert Samsung übrigens einen *Papierkorb* in Apps wie Dateien und Galerie.

Dateien oder Ordner verschieben, kopieren oder umbenennen

1 Gehen Sie wieder in den Bearbeitungsmodus, indem Sie eine Datei oder einen Ordner tippen und halten.

2 Wählen Sie die gewünschten Dateien durch Setzen des Hakens aus.

3 Am unteren Bildrand befinden sich die Symbole für die Befehle *Verschieben*, *Kopieren* und *Senden*.

4 Wählen Sie die gewünschte Option und navigieren Sie mit der *Zurück*-Taste oder dem *Pfeil links* oben zum neuen Speicherort.

5 Schließen Sie den Vorgang mit *Hierher verschieben/kopieren* ab.

6 Über das *Senden*-Menü können Sie Dateien oder einen Ordner beispielsweise per E-Mail oder Messenger verschicken oder in einem sozialen Netzwerk wie Facebook veröffentlichen.

7 Sobald Sie eine einzelne Datei/Ordner markieren, stehen Ihnen im Menü (*drei Punkte*) auch die Optionen *Umbenennen* und *Zum Startbildschirm hinzufügen* zur Verfügung.

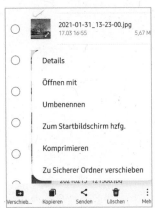

Das Menü in der App Eigene Dateien

Hierüber haben Sie vor allem Zugriff auf die *Speicheranalyse* und die *Einstellungen*.

Speicheranalyse zeigt Ihnen die Auslastung jedes Speicherorts an. Eine horizontale Wischgeste führt Sie zum nächsten Speicher. Falls vorhanden, sehen Sie nun auch doppelte, große und nicht verwendete Dateien am aktuellen Speicherort. Tippen Sie auf eines der Elemente, um sich weitere Details anzeigen zu lassen. Sie gelangen nun in einen Bearbeitungsmodus, über den

Sie doppelte oder große Dateien verschieben oder löschen können.

In den *Einstellungen* können Sie Ihre Cloud-Konten konfigurieren, die auf der Startseite der App *Eigene Dateien* angezeigten Elemente auswählen und festlegen, dass Cloud-Dateien nur über WLAN abgerufen werden. Stellen Sie auch ein, ab welcher Größe eine Datei bei der Analyse als *groß* gilt bzw. als *nicht verwendet*.

Was ist besser: Interner Speicher oder SD-Speicherkarte?

Viele Samsung-Galaxy-Smartphones bieten Ihnen die Möglichkeit, den internen Speicher mit einer Speicherkarte zu erweitern. SD-Karten sind zudem sehr günstig. Wo aber liegen die Vor- und Nachteile der beiden Speicher?

Pauschal lässt sich diese Frage einfach beantworten: Der interne Speicher ist schneller als die SD-Karte. Es wird also weniger Zeit benötigt, um eine Datei im internen Speicher abzulegen und auch, sie von dort aus aufzurufen. Von daher sollte man dem internen Speicher stets den Vorzug geben vor einer SD-Karte.

Allerdings ist dieser Speicher begrenzt. Die 32 GB, die bei günstigen Smartphones zur Verfügung stehen, sind schnell voll, zumal das Betriebssystem Android selbst bereits mehrere GByte an Daten benötigt. Die Geräteausführung mit mehr internem Speicher lassen sich alle Hersteller kosten – Samsung ist hier keine Ausnahme. Je mehr Sie möchten, desto teurer wird das Smartphone.

Dagegen sind Karten mit 64 GByte Kapazität schon für weniger als 10 Euro zu haben und es gibt bereits SD-Speicherkarten mit Kapazitäten von derzeit bis zu 1 TByte.

Fazit

Legen Sie vor allem Dateien, die Sie häufig benutzen, im internen Speicher ab. Auch Apps sollten stets im internen Speicher installiert werden. Tipps zum Verschieben von Apps auf die Speicherkarte sollten Sie ignorieren.

Haben Sie ausreichend Platz im internen Speicher, sollten Sie diesen auch zum Speichern Ihrer Kamerafotos und -videos nutzen. Eine langsame Speicherkarte (günstige Karten sind immer langsam) kann die Leistung der Kamera reduzieren. Den Speicherort der Kamera legen Sie in deren Einstellungen fest. Auf der anderen Seite ist eine Speicherkarte deutlich kostengünstiger, wenn es um die Erweiterung von Speicherplatz geht.

Tipp

Sie haben aus Versehen wichtige Dokumente oder schöne Fotos von der SD-Karte gelöscht? Wir haben 14 Datenrettungsprogramme untersucht (test 2/2021). Alle Programme retten gelöschte Daten von SD-Karten, auch das kostenlose *PC Inspector File Recovery*. Nur der Testsieger *EaseUS Data Recovery* für Windows (79 Euro / Jahr) schaffte es, auch gelöschte Daten von SSD-Karten wiederherzustellen (siehe www.test.de, Stichwort Datenrettung).

Die Musik-App: Samsung Music

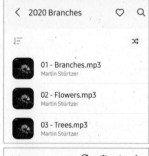

Samsung stattet seine Smartphones auch mit einer App zur Musikwiedergabe aus. Falls Samsung Music nicht auf Ihrem Gerät vorinstalliert ist, finden Sie die App auch im Galaxy App Store. Dort wie auch im App Drawer erkennen Sie sie an ihrem *Noten*-Symbol. Beim ersten Öffnen müssen Sie allerdings noch die Nutzungsbedingungen akzeptieren und den Zugriff auf den Speicher gewähren – erst danach öffnet sich die App in der Ansicht *Wiedergabeliste*.

Die weiteren Ansichten *Favoriten*, *Titel*, *Alben*, *Interpreten* und *Ordner* erreichen Sie über eine horizontale Wischgeste. Oder Sie verschieben die Registerkarten mit dem Finger und wählen die gewünschte Karte aus.

Öffnen Sie nun ein Album, einen Ordner, einen Interpreten oder eine Wiedergabeliste durch Antippen. Die Wiedergabe starten Sie durch Antippen eines Musiktitels – der aktuelle wiedergegebene Titel wird nun auch am unteren Bildrand zusammen mit den Steuerelementen für *Zurück*, *Pause* und *Vor* angezeigt. Tippen Sie auf diesen „Mini-Player", um ihn zu vergrößern. Nun können Sie den Zeitbalken verschieben, um vor- oder zurückzuspulen, das *Herz* antippen und das Musikstück zu den *Favoriten* hinzufügen oder das *Plus*-Zeichen wählen, um den Titel auf eine Wiedergabeliste zu setzen.

Eine neue Wiedergabeliste erstellen

1 Wechseln Sie zur Registerkarte *Wiedergabelisten* und tippen Sie auf das *Plus*-Zeichen oben rechts.

2 Geben Sie der Liste einen Namen und tippen Sie auf *Erstellen*.

3 Nun müssen Sie Musikstücke auswählen, entweder anhand des *Titels*, des

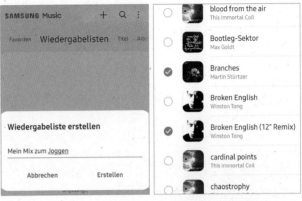

Albums, des *Interpreten* oder des *Ordners*, in dem die Musikstücke gespeichert wurden.

4 Mit *Fertig* in der rechten oberen Ecke schließen Sie die Auswahl ab.

5 Sie sehen nun Ihre neue Wiedergabeliste und können die Wiedergabe durch Antippen eines Titels starten. Die Musikwiedergabe wird fortgesetzt, auch wenn Sie die App verlassen. In der Benachrichtigungsleiste finden Sie einen weiteren Mini-Player, mit dem Sie die Wiedergabe steuern können. Dasselbe gilt, je nach Einstellung, auch für den Sperrbildschirm. Tippen Sie auf das *Kreuz* im Mini-Player, um ihn endgültig zu schließen. Über das Menü der App lassen sich zudem Ton-Effekte aufrufen. Die Tonqualität verbessern Sie mit *Dolby Atmos*, einem *Equalizer* und *Adapt Sound* (siehe Seite 78). Rufen Sie die *Einstellungen* auf, um *Überblendeffekte* auszuwählen, die Musiksteuerung über den Sperrbildschirm zuzulassen oder einen *Sleep Timer* einzuschalten. Oder Sie verwalten die Registerkarten, die Ihnen die App anbietet, um nicht benötigte Karten auszublenden.

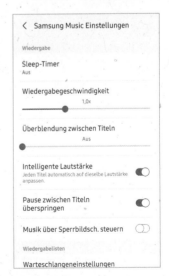

Die Gesundheits-App: Samsung Health

Schritte zählen, Aktivitäten erfassen – Ihr Galaxy-Smartphone kann Sie dabei unterstützen, gesund zu leben. Die App dafür heißt Samsung Health und findet sich im Samsung-Ordner im App Drawer. Die für die Puls- und Sauerstoffmessung benötigten Sensoren sind älteren Galaxy-S- und Note-Geräten vorbehalten – das Galaxy S20 und S21 ist hierfür auf eine Smartwatch oder ein Fitnessarmband angewiesen.

Da Gesundheitsdaten sehr persönlich sind, hat die Health-App ihr eigenes Kleingedrucktes, dem Sie zuerst zustimmen müssen – auf Marketing-Informationen können Sie wie immer verzichten. Auch den Zugriff auf Standortdaten sollten Sie gewähren, damit der Aktivitäts-Tracker wie gewünscht funktioniert.

Die Health-App arbeitet mit Karten für Kategorien wie *Schritte*, *Aktive Zeit* oder *Training*. Sie können bei Bedarf aber auch Daten zu Ihren Mahlzeiten eingeben oder etwa Ihren Schlaf bewerten.

Alle Kategorien sind selbstverständlich optional. Scrollen Sie nach unten, um über *Elemente verwalten* die Karten auszuwählen, mit denen Sie arbeiten möchten.

▶ *Schritte* und *Aktive Zeit* werden natürlich nur dann erfasst, wenn Sie das Smartphone während dieser Aktivitäten am Körper mitführen. Seine Sensoren erkennen, wenn Sie sich bewegen, und können auch zwischen Gehen und Bewegungen im Stehen unterscheiden.

▶ **Tippen Sie auf die** *Trainings-Karte*, um ein Training auszuwählen, und anschließend auf Daten eingeben am oberen Bildrand, um das Training zu definieren.

▶ *Puls* und *Sauerstoffgehalt* des Bluts messen Sie mit dem Sensor auf der Rückseite des Smartphones, rechts neben dem LED-Blitz (nur bis Galaxy S10, Note 10). Starten Sie die Messung und legen Sie anschließend einen Finger mittig auf den Sensor. Achten Sie dabei auf eine entspannte Körperhaltung – angespannte Muskeln in Hand und Arm können beispielsweise die Pulsmessung verfälschen.

▶ **Über die Registerkarte** *Community* können Sie zudem Ihre Ergebnisse mit anderen Nutzern vergleichen oder teilen beziehungsweise von Samsung zusammengestellte Artikel zum Thema Fitness abrufen.

Ein eigenes Profil einrichten

Ihr eigenes Profil hilft der App, Ihre Ergebnisse zu bewerten. Geben Sie also die abgefragten Daten wie *Geschlecht*, *Alter*, *Größe* und *Gewicht* ein sowie Ihren aktuellen *Aktivitätslevel*. Über das *Kamera*-Symbol lässt sich auch ein eigenes Profil-Foto hinterlegen.

Falls Sie mit der Community interagieren wollen, können Sie auch einen Spitznamen eintragen. Ihre Daten inklusive Profil sind ab Werk beziehungsweise ohne Ihre Zustimmung nicht öffentlich – wir empfehlen, es auch dabei zu belassen.

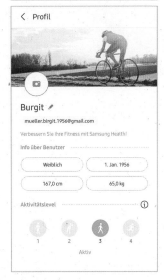

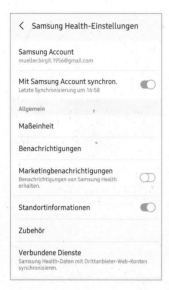

Die Einstellungen von Samsung Health

In den *Einstellungen* (das *Zahnrad*-Symbol im Menü) sehen Sie unter anderem das Samsung-Konto, über das alle Health-Daten automatisch mit der Samsung-Cloud synchronisiert werden. Falls Sie dies nicht wünschen, tippen Sie auf den *Schieberegler*. Die Synchronisation hat jedoch den Vorteil, dass Ihre Daten von allen Samsung-Produkten, die Sie vielleicht nutzen, ausgewertet werden können. Die Option ist also wichtig, falls Sie mehr als ein Smartphone haben oder zusätzlich eine Smartwatch verwenden.

Prüfen Sie bei Bedarf, ob Health Gesundheitsdaten mit Fitness-Apps anderer Anbieter austauscht. Außerdem können Sie jederzeit Ihre Gesundheitsdaten herunterladen und auch alle persönlichen Daten löschen.

Die Google-Apps: Chrome, Maps und Co.

Nicht nur Samsung, auch Google entwickelt eigene Apps für sein Betriebssystem Android. Viele davon sind bereits ab Werk auf Ihrem Gerät vorinstalliert. Sie sind ebenfalls allesamt kostenlos, benötigen zum Teil jedoch ein Google-Konto – über das Sie jedoch bereits verfügen. Einige der Google-Apps überschneiden sich mit dem Angebot von Samsung, andere ergänzen es.

Zu beachten ist außerdem, dass Google stets bemüht ist, seine Apps vor allem für die eigenen Dienste zu optimieren. Und man sollte im Hinterkopf behalten, dass Google alles, was die Firma kostenlos anbietet, über Werbung und damit über die Daten seiner Nutzer finanziert. Samsungs kostenlose Apps sind hingegen bereits über den Kaufpreis für das Samsung-Produkt bezahlt worden.

Zwar darf Google laut einem Kartellurteil der EU aus dem Jahr 2018 seine Partner nicht mehr zwingen, seine Apps auf ihren Geräten vorzuinstallieren, im Lauf der Jahre sind die Apps jedoch für viele Nutzerinnen und Nutzer zum Standard geworden, sodass sie weiterhin ab Werk vorhanden sind.

Googles Browser-App: Chrome

Wie schon bei der Einrichtung des Samsung-Browsers erwähnt, ist Chrome die Grundlage für Internet (siehe Seite 37). Das heißt, bis auf wenige zusätzliche Funktionen wird Chrome genauso bedient wie Samsung Internet. Das Symbol für Chrome und für alle anderen Google-Apps finden Sie im Google-Ordner auf dem Startbildschirm oder im App Drawer.

Beim Start fragt Chrome, ob Sie die Synchronisierung aktivieren möchten. Dahinter verbirgt sich eine Funktion, die Passwörter, Verlauf und andere Browserdaten mit allen Chrome-Instanzen abgleicht, die Sie vielleicht auf anderen Smartphones, PCs oder Macs nutzen. Informationen wie den Browserverlauf nutzt Google aber auch, um Suchergebnisse und Werbung besser an Ihre Bedürfnisse anzupassen. Tippen Sie auf *Einstellungen*, um zu überprüfen, welche Daten Sie synchronisieren und damit Google zur Verfügung stellen wollen.

Die Chrome-Erweiterung Samsung Internet

Mit der Chrome-Erweiterung *Samsung Internet* können Sie den Samsung-Browser mit Chrome für Windows und macOS synchronisieren. Suchen Sie auf dem Desktop einfach nach „Samsung Internet Chrome Erweiterung" und installieren Sie die Erweiterung aus dem Chrome Web Store.

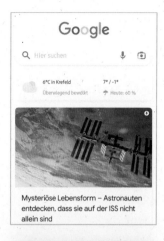

Die App mit Google Assistant

In dieser App vereint Google seine Suchmaschine mit seinem digitalen Assistenten.

▶ Über das *Suchfeld* am oberen Bildrand können Sie wie gewohnt das Internet durchsuchen.

▶ Über das *Mikrofon* starten Sie die Spracheingabe, um entweder einen oder mehrere Suchbegriffe einzugeben oder eine Antwort auf eine Frage wie den aktuellen Wechselkurs des Dollars zu erhalten.

Darunter schlägt die Google App verschiedene Themen vor, die Sie vielleicht interessieren könnten. Die Vorschläge werden besser, sobald Google mehr über Sie weiß. Alternativ öffnen Sie das Menü einer Karte (über die *drei Punkte*), um beispielsweise Ihr Desinteresse an dem Artikel, dem Thema oder gar dem Herausgeber des Artikels zu bekunden. Auch auf diese Weise können Sie die Google App und den Google Assistant anlernen und bekommen im Lauf der Zeit immer mehr an passenden Vorschlägen.

▶ **Über die** *Symbolleiste* am unteren Bildrand rufen Sie ebenfalls die Google-Suche auf oder Sie lassen sich in der Registerkarte *Snapshot* Informationen anzeigen, die der Google Assistant zusammengetragen hat. *Sammlungen* wiederum ist eine Funktion, mit der Sie Suchergebnisse beispielsweise nach Themen organisieren können, um sie zu einem späteren Zeitpunkt erneut abzurufen.

▶ *Mehr* **blendet das Menü** der App ein, über das Sie Ihre Suche personalisieren können. Bitte beachten Sie, dass diese Einstellungen auch für andere Geräte inklusive Ihren PC gelten, sofern Sie dort dasselbe Google-Konto nutzen.

Googles E-Mail-App: Gmail

Gmail ist der Name von Googles eigenem E-Mail-Dienst, den Sie automatisch nutzen, weil Sie ein Google-Konto Ihr Eigen nennen. Dieses Konto ist bereits in der Samsung-App E-Mail eingerichtet, beim ersten Start von Gmail wird es Ihnen aber auch für die Gmail-App angeboten.

1 Tippen Sie auf *Weitere E-Mail-Adresse hinzufügen*, falls Sie ein weiteres Konto in Gmail einrichten wollen.
2 Wählen Sie nun den Anbieter – falls Ihr Anbieter nicht aufgeführt ist, tippen Sie auf *Sonstige*.
3 Die Einrichtung einer E-Mail-Adresse erfolgt unabhängig vom Anbieter praktisch genauso wie in Samsungs E-Mail-App. Sie benötigen also neben dem Benutzernamen und dem Passwort auch die Einstellungen für den Posteingangsserver (*POP3* oder *IMAP*) und den Postausgangsserver (*SMTP*) inklusive den Angaben zur verwendeten Verschlüsselung (*Protokoll TLS* oder *SSL*, *Port*). Die Gmail-App kennt jedoch im Gegensatz zur Samsung-App die Einstellungen der deutschen Anbieter *T-Online*, *GMX* und *Web.de*.

Gmail: Posteingang und Zusatzfunktionen

Im Posteingang sehen Sie nun die eventuell schon vorhandenen Nachrichten. Tippen Sie auf *Schreiben* unten rechts, um eine Nachricht zu verfassen. Auch hier können Sie bei

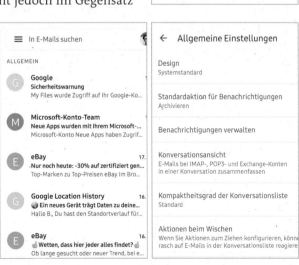

Bedarf auf die Anleitung zu Samsungs E-Mail-App zurückgreifen. Das *Hamburger*-Menü oben links blendet die voreingestellten Ordner ein, die Google jedoch Labels nennt. Scrollen Sie nach unten, um von Gmail aus auf Ihre *Google-Kontakte* und den *Google-Kalender* zuzugreifen. In den *Einstellungen* lassen sich schließlich die App konfigurieren, Einstellungen eines E-Mail-Kontos ändern oder ein neues Konto hinzufügen. Rufen Sie die *Allgemeinen Einstellungen* auf, um die Konversationsansicht ein- oder auszuschalten oder die Aktionen festzulegen, die Gmail beim Wischen über Nachrichten ausführt.

Googles Karten-App: Google Maps

Smartphones sind auch in der Lage, Navigationsgeräte zu ersetzen. Samsung bietet Ihnen dafür ab Werk die App Google Maps an. Sie führt Sie per Sprachanweisung an Ihr Ziel, und zwar per Auto, Fahrrad und öffentlichen Verkehrsmitteln. Selbstverständlich können Sie auch Orte, die Sie regelmäßig besuchen, speichern. Die App liefert überdies Informationen zu Ihrem aktuellen Standort.

In der Kartenansicht sehen Sie Ihre aktuelle Position. Mit dem *Ziel*-Symbol unten rechts kehren Sie stets zu Ihrer aktuellen Position zurück. Die Ansicht können Sie nun mit einem Finger in eine beliebige Richtung verschieben oder mit zwei Fingern drehen. Sobald die Karte nicht mehr nach Norden ausgerichtet ist, erscheint oben rechts eine *Kompassnadel*. Tippen Sie darauf, um die Karte wieder nach Norden auszurichten. Die Ansicht vergrößern oder verkleinern Sie, indem Sie zwei Finger auf dem Display auseinanderziehen oder zusammenziehen.

Das Symbol über der Kompassnadel oben rechts ändert den *Kartentyp* und blendet auf Wunsch zusätzliche Kartendetails ein.

Google Maps: Einen Ort suchen

Geben Sie einfach den Namen eines Orts – das kann eine Stadt, eine Sehenswürdigkeit, eine Adresse oder auch ein Unternehmen sein – ein, um ihn auf der Karte anzuzeigen. Sie können nun direkt eine Route erstellen, den Ort teilen oder speichern. Tippen Sie auf den Ort in der Karte, um weitere Details anzuzeigen.

Sie können aber auch nach bestimmten Orten in Ihrer Umgebung suchen, wie Tankstellen, Geldautomaten, Ärzten, Krankenhäusern, Restaurants oder Parkhäusern. Ein Klick auf ein Ergebnis liefert weitere Information, inklusive der Option, eine Route zu diesem Ort zu berechnen.

Google Maps: Eine Route berechnen

Je nach Kartenansicht wird Ihnen diese Option am unteren Bildrand für den ausgewählten Ort angeboten. In dem Fall ist Ihr Standort der Ausgangspunkt und der gewählte Ort das Ziel. Sie können die Angaben für Start und Ziel aber auch ändern.

1 Tippen Sie auf *Mein Standort* oder *Ziel auswählen*, um einen anderen Start- oder Zielpunkt einzugeben oder auf der Karte auszuwählen. Während der Eingabe eines Orts können Sie selbstverständlich auch einen der Vorschläge antippen.

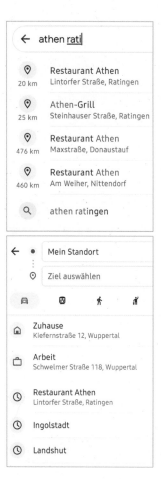

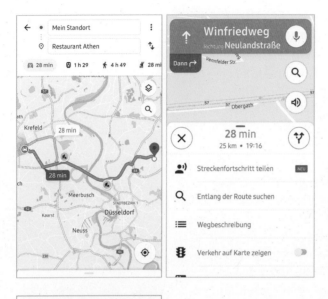

2 Nach Auswahl von Start und Ziel wird Ihnen eine Route vorgeschlagen und auf der Karte angezeigt. Am unteren Bildrand sehen Sie die Details der Route, die Sie mit einer Wischgeste nach oben vergrößern können.

3 Oberhalb der Karten können Sie eine andere Route oder auch ein anderes Verkehrsmittel auswählen. Zu jeder Route wird Ihnen auch die voraussichtliche Reisedauer angezeigt.

4 Auf der Karte ist die gewählte Route blau markiert. Tippen Sie auf einen grau markierten Teil, um diese Route zu nutzen.

5 Tippen Sie abschließend auf *Start*.

In der Navigationsansicht können Sie Ihre Route zudem weiter bearbeiten. Ziehen Sie dafür die Registerkarte am unteren Bildrand nach oben. Nun lassen sich *Verkehrshinweise* einblenden oder eine *Satellitenkarte* anzeigen. In den *Einstellungen* der Navigation passen Sie die Lautstärke der Sprachanweisungen, die Stimme und auch die Routenoptionen an.

Google Maps: Navigation mit Offlinekarten

Google Maps braucht für die meisten Funktionen eine Verbindung zum Internet. Daten über Verkehrsstörungen beispielsweise sind ohne Internetverbindung nicht verfügbar. Ein besonders hohes Datenaufkommen verursachen die Kartendaten. Deswegen unterstützt Google Maps auch Offlinekarten, die Sie über das Menü der App aufrufen, das Sie über Ihr Profilbild oben rechts erreichen.

Die Offline-Karten haben jedoch einen großen Nachteil: Sie lassen sich immer nur für einen begrenzten Bereich herunterladen, nicht aber für ein ganzes Bundesland oder gar ganz Deutschland. Im Kapitel Tipps und Tricks stellen wir Ihnen als vollwertige kostenlose Navigationslösung *Here Maps* vor (siehe Seite 179).

In Google Maps können Sie sich damit behelfen, Karten für mehrere Regionen auf Ihrem Smartphone zu speichern und somit letztlich dann doch das gesamte Gebiet, das Sie für eine längere Route benötigen, herunterladen. Dieses Verfahren ist allerdings nicht sehr bedienfreundlich.

So laden Sie eine Offline-Karte herunter:

1 Tippen Sie auf *Wähle deine eigene Karte aus*, um eine erste Offline-Karte anzulegen.

2 Verschieben Sie die Karte, um den zu speichernden Bereich festzulegen.

3 Per Zwei-Finger-Kneif-Geste können Sie die Kartenansicht verkleinern und damit den zu speichernden Bereich vergrößern. Es gibt allerdings eine Obergrenze. Sie können beispielsweise eine Karte für die Fahrt von Köln nach Kiel speichern, nicht aber für die Fahrt von Köln nach München. Dafür müssen Sie den Speichervorgang für eine weitere Karte wiederholen.

4 Tippen Sie auf *Herunterladen*, um die Karte zu speichern.

5 Achten Sie darauf, dass ausreichend Speicherplatz zur Verfügung steht. Eine einzige Karte kann größer als ein Gigabyte sein.

6 Zurück in der Übersicht Ihrer Offline-Karten, bietet das Menü eines Eintrags (*drei Punkte*) die Möglichkeit, die Karte umzubenennen, zu aktualisieren oder zu löschen.

Google Maps: Den eigenen Standort freigeben in Echtzeit

Im Menü der Maps-App finden Sie die Option zur *Standortfreigabe*.

Was ist das? Sie können damit einer anderen Person erlauben, Ihren Standort auf dem Smartphone der anderen Person in Google Maps zu sehen – und in Echtzeit nachzuverfolgen, wohin Sie sich gerade bewegen.

Das kann hilfreich sein, wenn Sie sich auf einem großen Platz verabredet haben und sich nicht finden oder wenn Sie im Stau stehen, nicht ständig den aktuellen Stand durchgeben können, Ihr Gegenüber aber trotzdem auf dem Laufenden halten wollen, wann Sie da sind.

Legen Sie fest, wie lange Sie den Standort freigeben wollen und wie die Freigabe übermittelt werden soll. Sie können sie per *Bluetooth* übertragen oder als Link per *E-Mail*. Oder Sie wählen einen oder mehrere Kontakte aus. Der Empfänger benötigt übrigens kein Google-Konto, um Ihren Link zu sehen. Maps verschickt in dem Fall einen Link, der im Browser geöffnet wird.

Google Drive

Auf Google Drive können Sie beliebige Dateien ablegen und mit einem Ihrer Geräte wieder abrufen – sei es Ihr Galaxy-Smartphone, ein Smartphone oder Tablet eines anderen Herstellers oder ein PC oder Mac. Auch Netzwerkspeicher und einige internetfähige Fernseher unterstützen Google Drive.

Nutzen Sie Google Drive als Datensicherung im Internet, um wichtige Daten vor Feuer und Diebstahl zu schützen. Oder geben Sie über Google Drive Dateien für Freunde, Familie und Bekannte frei. Selbst eine gemeinsame Bearbeitung von Office-Dateien ist möglich. Die Drive-App finden Sie im App Drawer. Drive ist außerdem für iOS, macOS und Windows erhältlich und auch in Samsungs Dateien-App integriert.

Kostenlos stehen Ihnen 15 GByte zur Verfügung. Wer mehr Platz benötigt, schließt ein Abonnement für Google One ab. Ab 19,99 Euro pro Jahr erhält man 100 GByte Speicherplatz sowie Kontakt zu Google-Experten. Das Abo lässt sich zudem mit fünf Familienmitgliedern teilen.

Social-Media-Apps

Facebook ist das größte soziale Netzwerk weltweit, weshalb Sie die entsprechende App auf fast allen Samsung-Smartphones im App Drawer finden.

Der Dienst erlaubt es Ihnen nicht nur, mit Familie, Freunden und Bekannten in Kontakt zu bleiben, Sie können auch den Aktivitäten von Persönlichkeiten aus Film, Musik und Kultur oder auch Unternehmen und Geschäften folgen oder diese bewerten.

Die Facebook-Seite Ihrer Lieblingsband sollte Sie über anstehende Konzerte, Tourdaten oder neue Veröffentlichungen informieren – und erlaubt je nach Künstler manchmal auch einen gewissen Einblick in den Alltag zwischen Auftritten oder im Aufnahmestudio. Oder Sie schließen sich einer Gruppe an, die sich mit einem Ihnen wichtigen Thema beschäftigt – etwa ein Hobby oder ein Ehrenamt. Gruppen können privat sein, sodass Sie zum Teil erst eine Einladung eines Gruppenmitglieds benötigen, um dieser beitreten zu können.

Mit Facebook starten

Beim ersten Start müssen Sie den Nutzungsbedingungen zustimmen und die Datenrichtlinie akzeptieren. Melden Sie sich nun mit Ihrem vorhandenem *Benutzernamen* und *Passwort* an oder erstellen Sie ein neues Konto. Falls Sie bereits auf einem anderen Android-Gerät bei Facebook angemeldet waren, schlägt Ihnen Google Smart-Lock eventuell sogar dieses Konto vor.

Neues Facebook-Konto

1 Nachdem Sie sich für ein neues Konto entschieden haben, tippen Sie auf *Weiter*, um Facebook beizutreten.
2 Zuerst möchte Facebook jedoch Zugriff auf Ihre Kontakte, um Ihnen später Freunde aus ihrem Adressbuch vorschlagen zu können. Falls Sie Ihre Kontakte nicht kontinuierlich mit Facebook teilen wollen, wählen Sie *Ablehnen* – auf die Nutzung des sozialen Netzwerks hat dies keinen Einfluss.
3 Sie können sich nun mit einer Handynummer oder einer E-Mail-Adresse registrieren. Anstatt Ihres Vor- und Nachnamens sind auch Pseudonyme zulässig. Angaben wie ein Geburtsdatum werden benötigt, um das geforderte Mindestalter zu überprüfen.
4 Wählen Sie nun ein *Passwort*.
5 Zur Kontobestätigung verschickt Facebook noch eine E-Mail an das angegebene Konto – oder eine SMS an die hinterlegte Handynummer.
6 Die Einrichtung eines Profilbilds sowie die erneute Aufforderung, die Kontakte an Facebook zu übergeben, kann man überspringen.
Die App begrüßt Sie nun mit der sogenannten *Timeline*. Hier sehen Sie alle Beiträge Ihrer Freunde, Gruppen und abonnierten Seiten, die Sie selbstverständlich auch kommentieren können. Oder Sie

scrollen nach oben und tippen auf die Frage *Was machst Du gera-de?*, um den ersten eigenen Beitrag zu verfassen. In der Voreinstellung werden alle Beiträge übrigens mit Ihren Freunden geteilt. Besondere Aufmerksamkeit sollten Sie den Privatsphäreeinstellungen schenken, die Sie über das *Hamburger*-Menü oben rechts aufrufen können.

Den Punkt *Privatsphäre auf einen Blick* sollte man eigentlich vollständig kontrollieren, inklusive der Werbepräferenzen und der eigenen Facebook-Informationen.

Die Foto-Community-App Instagram

Fotos können Sie zwar auch über Facebook teilen, viele bevorzugen dafür aber Instagram – das übrigens genauso wie WhatsApp zu Facebook gehört.

Die App bietet aber auch Zusatzfunktionen, vor allem zum Bearbeiten von Fotos und zum Erstellen kleiner Storys, also Fotogeschichten. Ansonsten geht es in erster Linie darum, Fotos zu kommentieren und Personen – natürlich auch Prominenten und den sogenannten Influencern („Einflussnehmern") – zu folgen. Oder Sie finden über die sogenannten Hashtags – also das Raute-Symbol # – Bilder zu allen nur denkbaren Themen.

Info

Wie der Kinder- und Jugendschutz von Eltern und Großeltern aktiv gestaltet werden kann, lesen Sie im kostenlosen Special *Richtig umgehen mit Apps* auf www.test.de sowie ausführlicher und aus erster Hand in unserem Buch *TikTok, Snapchat und Instagram. Der Elternratgeber* (16,90 Euro). Im Test von 6 Kinderschutz-Apps schnitt *Salfeld Kindersicherung* (ca. 20 Euro/Jahr) am besten ab (test 9/20020; test.de, Stichwort Kinderschutz-App).

Die Messenger-App: WhatsApp

Die Messenger-App schlechthin – und für viele auch Ersatz für die SMS ist WhatsApp. Voraussetzung ist jedoch, dass Ihre potenziellen Kontaktpersonen ebenfalls WhatsApp haben.

Das herauszufinden macht Ihnen WhatsApp jedoch sehr leicht. Nach der Anmeldung liest WhatsApp regelmäßig Ihr Adressbuch aus und überträgt es auf seine Server. Da die Mehrheit der Nutzer dies zulässt, verfügt WhatsApp über eine riesige Datenbank mit Namen und Handynummern.

Befindet sich eine Nummer aus Ihrem Adressbuch in der WhatsApp-Datenbank, zeigt die App Ihnen sofort an, dass dieser Kontakt WhatsApp hat und Sie mit ihm kommunizieren können.

Der Vorteil dieser Methode gegenüber Skype und anderen Messaging-Anwendungen ist: Sie müssen Nutzerinnen und Nutzer nicht erst hinzufügen.

1 Falls – wie beim S21 – WhatsApp nicht vorinstalliert ist, laden Sie die App einfach über den Play Store herunter.

2 Beim ersten Start stimmen Sie den Nutzungsbedingungen zu.

3 Geben Sie Ihre Telefonnummer ein und bestätigen Sie sie erneut im nächsten Dialog.

4 Sie erhalten nun einen sechsstelligen Code per SMS, den Sie in die App eingeben müssen und der Ihre Identität bestätigt. Gegebenenfalls erkennt WhatsApp den Code bei Erhalt der SMS und füllt ihn automatisch ein.

5 Falls Sie WhatsApp bereits auf einem anderen Android-Gerät genutzt haben, können Sie nun die Berechtigungen für die Rücksicherung eines Backups erteilen.

Willkommen bei WhatsApp

Um dein Backup auf Google Drive zu finden und wiederherzustellen, erlaube WhatsApp Zugriff auf deine Kontakte und die Fotos, Medien und Dateien auf deinem Gerät.

NICHT JETZT   WEITER

WhatsApp funktioniert nicht auf mehreren Geräten gleichzeitig. Sobald Sie sich auf einem Gerät anmelden, werden Sie automatisch auf dem zuletzt genutzten Gerät abgemeldet.

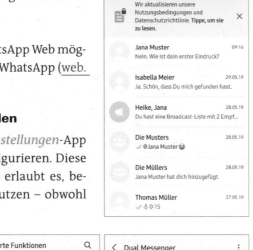

Eine parallele Nutzung ist nur mit WhatsApp Web möglich, der browserbasierten Version von WhatsApp (web. whatsapp.com) am PC und am Mac.

Zwei WhatsApp-Konten verwenden

In den *Erweiterten Funktionen* der *Einstellungen*-App können Sie den Dual Messenger konfigurieren. Diese Funktion vieler Galaxy-Smartphones erlaubt es, bestimmte Apps mit zwei Konten zu nutzen – obwohl diese Apps nur ein Konto erlauben.

Dafür wird eine Kopie der App in einem abgegrenzten Bereich erstellt – denn eine App zweimal installieren geht unter Android eigentlich nicht.

1 Tippen Sie auf die App, die Sie mithilfe des Dual Messengers ein zweites Mal installieren wollen.

2 Bestätigen Sie den Dialog mit *Installieren* und bestätigen Sie auch den Haftungsausschluss.

3 Nun können Sie noch getrennte Kontakte-Listen aktivieren, falls Sie beispielsweise WhatsApp zum

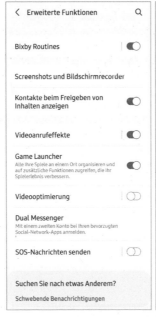

einen mit privaten und zum anderen nur mit geschäftlichen Adressen nutzen wollen.

4 In dem Fall müssen Sie noch die Kontakte auswählen, die nur für die zweite App verfügbar sein sollen.

5 Im App Drawer sehen Sie nun zwei WhatsApp-Symbole – das zweite trägt zusätzlich das Symbol des Dual Messengers in der rechten unteren Ecke.

Für beide WhatsApp-Kopien benötigen Sie eine Telefonnummer. Die zweite Nummer kann aber auch eine Festnetznummer sein oder eine Handynummer, deren SIM-Karte in einem anderen Handy genutzt wird.

Auf Samsung-Smartphones, die die Funktion *Sicherer Ordner* unterstützen, können Sie sogar eine dritte WhatsApp-Kopie nutzen, nämlich im *Sicheren Ordner*.

Alternative Messenger-Apps

Nicht jeder mag WhatsApp. Zum Glück gibt es inzwischen viele – auch etablierte – alternative Messenger-Apps.

▶ **Möchten Sie Facebook-Freunden** über Ihr Smartphone Nachrichten schreiben, ist die kostenlose *Messenger*-App die einzige Möglichkeit hierfür. Was den Datenschutz angeht, ist diese App leider genauso bedenklich wie Facebook selbst und auch WhatsApp, wegen ihres Alleinstellungsmerkmals ist Sie trotzdem weit verbreitet. Alternativ gibt es noch den *Messenger Lite* von Facebook, der auch bei schlechten Mobilfunkverbindungen zuverlässig funktioniert.

Facebook, Instagram und WhatsApp gehören allesamt zum Facebook-Konzern. Wenn Sie möchten, können Sie auch andere Messenger verwenden, um mit Ihren Freunden in Kontakt zu bleiben. Wir stellen Ihnen drei Alternativen vor:

▶ **Signal:** Erlaubt geheime Chats mit Ende-zu-Ende-Verschlüsselung. Die kostenlose App für Android und iOS ersetzt eher die klassische SMS.

▶ **Telegram:** Erlaubt ebenfalls geheime Chats mit Ende-zu-Ende-Verschlüsselung. Bietet ebenso viele Funktionen wie WhatsApp (Chats, Gruppen, Videoanrufe) – und sogar einige mehr, wie etwa Umfragen in Chats oder kleine Spiele. Die App ist kostenlos und ebenfalls für beide Betriebssysteme verfügbar.

▶ **Threema:** Die App, die für Android und iOS erhältlich ist, kostet einen einmaligen Betrag von knapp vier Euro, garantiert dafür aber mehrere Sicherheits- und Zertifizierungsstufen zwischen Ihnen und Ihren Kontakten sowie Servern, die nicht beispielsweise in den USA, sondern in der Schweiz stehen. Neben geheimen Chats mit Ende-zu-Ende-Verschlüsselung können Nutzer sich nur unter bestimmten abgesicherten Bedingungen gegenseitig hinzufügen, sodass dies die sicherste Messenger-Alternative ist.

Alternative Messenger in der Praxis

Eine Einschränkung haben die Alternativen zu WhatsApp allerdings: Es nutzt Ihnen leider wenig, wenn nur Sie den sichersten Messenger verwenden. Damit Sie sich mit Ihren Freunden unterhalten können, müssen Sie und Ihre Kontakte den gleichen Messenger benutzen. Da WhatsApp oft bereits vorinstalliert ist und einer der ersten Anbieter am Markt war, dürften die meisten Ihrer Freunde dort angemeldet sein.

Für Alternativen zu WhatsApp müssen Sie also aktiv Überzeugungsarbeit leisten. In der Praxis haben viele Nutzerinnen und Nutzer meist einfach mehrere Messenger installiert. Immerhin können Sie all diese Apps in einem Ordner zusammenfassen (siehe „Apps platzieren und …", ab Seite 61).

Sicherheit und Datenschutz

Auf Ihrem Smartphone sind sehr viele private und sensible Daten von Ihnen gespeichert – seien es Ihre Passwörter, Kontodaten oder Gesundheitswerte. Unbefugte Apps, Webseiten und nicht zuletzt auch Cyberkriminelle würden all diese Daten liebend gern abrufen. Hier erfahren Sie, wie Sie sich schützen können.

Der gläserne Nutzer

Werbung ist der eigentliche Motor des Internets. Alles, was einen Mehrwert bietet und trotzdem kostenlos erhältlich ist, ist irgendwie werbefinanziert: Journalismus, Musikstreaming, soziale Netze, Onlinespiele – die Liste lässt sich beliebig fortsetzen. Und das eigentliche Zauberwort ist „personalisierte Werbung". Je besser die Anzeigen zu den Nutzerinnen und Nutzern passen, desto mehr Geld lässt sich damit verdienen. Und für die Personalisierung werden Ihre Daten benötigt – weswegen die Werbetreibenden so viel Interesse am gläsernen Nutzer haben.

Andererseits funktionieren aber auch Dienste wie die Google-Suche oder der Sprachassistent *Bixby* erst dann richtig, wenn sie bestimmte Dinge über den Nutzer wissen. Und dass wir für das Betriebssystem Android nichts bezahlen müssen, ist ja auch von Vorteil. Es geht also letztlich darum, ein Gleichgewicht zwischen Datenschutz und Sicherheit auf der einen Seite und der kostenlosen Nutzung des Internets auf der anderen Seite zu finden.

Gerätesicherheit

Unabhängig davon sollten Sie Ihr Smartphone grundsätzlich vor unberechtigten Zugriffen Dritter schützen. Eine Geräte-PIN haben Sie ja schon eingerichtet, Ihr Galaxy-Smartphone bietet aber noch andere Möglichkeiten, den Sperrbildschirm aufzuheben.

Biometrische Sicherheit: Fingerabdruck und Gesichtserkennung

Sehr beliebt sind bei Nutzern und Herstellern zugleich biometrische Daten zum Sichern von Geräten. Samsung bietet vor allem die Entsperrung per Fingerabdruck oder per Gesichtserkennung an, die beide über die Einstellungen-App eingerichtet werden.

Starten des Scans mit der Mitte der Fingerspitze

Drücken Sie den Finger auf den Sensor und heben Sie ihn an, wenn Sie eine Vibration spüren.

Tragen Sie eine Brille?

Wenn ja, setzten Sie sie jetzt auf, damit Sie Ihr Gesicht mit und ohne Brille registrieren können.

◉ Ja

◯ Nein

1 Rufen Sie dort den Punkt *Biometrische Daten und Sicherheit* auf.

2 Registrieren Sie nun Ihr Gesicht oder fügen Sie Fingerabdrücke hinzu.

3 Egal welche Methode Sie wählen, Sie müssen zuerst Ihre *PIN* eingeben.

4 Folgen Sie nun den Anweisungen auf dem Bildschirm.

5 Falls Sie sich für die Gesichtserkennung entschieden haben, können Sie noch festlegen, ob der Sperrbildschirm sofort oder erst nach einer zusätzlichen Wischgeste aufgehoben wird.

6 Bei den Fingerabdrücken als Entsperrmethode empfiehlt es sich, das Symbol anzeigen zu lassen, auch wenn der Bildschirm aus ist. Das Symbol erscheint allerdings erst, nachdem Sie auf den Bildschirm getippt haben.

Falls Sie beide Methoden eingerichtet haben, werden auch beide Methoden parallel zum Entsperren Ihres Geräts benutzt.

Was ist besser: PIN, Gesichtserkennung oder Fingerabdruck?

Die Gesichtserkennung bietet definitiv den geringeren Schutz. Sie lässt sich bereits mit einem Foto austricksen. Sie ist aber auch die schnellste und bequemste Methode. In den Einstellungen der Gesichtserkennung sollten Sie die *Schnellere Erkennung* ausschalten, um die Gesichtserkennung etwas sicherer zu machen.

Um den Fingerabdrucksensor auszutricksen, muss ein deutlich höherer Aufwand betrieben werden. Die meiste Sicherheit bietet jedoch die PIN. Aber immer einen vierstelligen oder gar sechsstelligen Code eingeben, ist recht aufwendig. Noch besser wäre ein komplexes Passwort aus Groß- und Kleinbuchstaben, Zahlen und Sonderzeichen. Bei der Auswahl der für Sie besten Methode sollten Sie bedenken: Es geht darum, die Zugangsdaten zu Ihren E-Mail-Konten, Social-Media-Konten und eventuell sogar zu Ihrem Bankkonto zu schützen.

Weitere Sicherheitseinstellungen

Bleiben wir in den *Einstellungen* für Biometrie und Sicherheit.

▶ **Google Play Protect:** Dieser Dienst von Google prüft kontinuierlich alle auf Ihrem Gerät installierten Apps. Das Ergebnis der Prüfung können Sie sich hier anschauen.

▶ **Sicherheitsupdate:** Erfahren Sie hier, wann Ihr Gerät das letzte Sicherheitsupdate erhalten hat und ob neue Updates verfügbar sind.

▶ **Unbekannte Apps installieren:** Apps sollte man eigentlich nicht aus unbekannten Quellen installieren. Ausnahmen können Sie an dieser Stelle für jede App hinzufügen.

▶ **Verschlüsseln oder Entschlüsseln der SD-Karte:**
Ab Werk wird nur der interne Speicher Ihres Smartphones verschlüsselt und ist damit bei Verlust oder Diebstahl geschützt. Die Verschlüsselung der SD-Karte muss manuell aktiviert werden, falls sie benötigt wird – was von den dort abgelegten Daten abhängt.

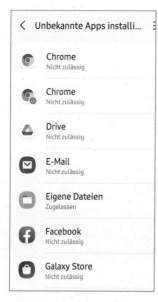

► **In den anderen Sicherheitseinstellungen** sollten Sie zumindest die Geräteadministrator-Apps überprüfen. Diese Apps haben nämlich Zugriff auf alles, sprich alle Berechtigungen. *Find My Mobile* (siehe unten) und der *KLMSAgent* sind ein legitime Geräteadministratoren.

► **Einige ältere Smartphones** (S9, Note 9, S8, Note 8) verfügen zusätzlich über die Funktion *Sicherer Start*. Sie fragt den PIN bereits beim Start des Betriebssystems ab, was den Schutz vor unbefugten Zugriffen erhöht.

Der Diebstahlschutz: Find My Mobile

In den *Sicherheitseinstellungen* können Sie auch die Funktion *Find My Mobile* aktivieren. Sie erlaubt es Ihnen, ein verlorenes oder gestohlenes Gerät zu orten. Sie können es aber auch klingeln lassen oder bei Bedarf sperren beziehungsweise aus der Ferne vollständig löschen.

1 Tippen Sie auf *Find My Mobile*.

2 Sie sehen nun, mit welchem Samsung-Konto die Funktion verknüpft ist. Mit diesem Konto müssen Sie sich auf der angegebenen Webseite findmymobile.sam sung.com anmelden.

3 Die *Remote-Entsperrung* erlaubt es, Ihr Smartphone sogar aus der Ferne zu entsperren. Diese Funktion sollte aber nur zum Einsatz kommen, falls Sie die eigentliche Entsperrmethode für Ihr Gerät vergessen haben.

4 Aktivieren Sie auch das Senden des letzten Standorts. Damit ist sichergestellt, dass ein aktueller Standort auch bei niedrigem Akkustand vorliegt.

5 Die Offline-Suche verwendet Standortdaten von Geräten anderer Nutzerinnen und Nutzer in Ihrer Nähe, um Ihr Gerät zu orten. Sie selbst liefern aber ebenfalls Daten zu Galaxy-Geräten in Ihrem Umfeld, um diesen Dienst mit Daten zu versorgen. Hilfreich ist die

Offline-Suche also nur dort, wo sich viele Menschen mit Samsung-Smartphones aufhalten.

6 Testen Sie unbedingt die Funktion *Find My Mobile*, bevor es zu einem „Ernstfall" kommt.

Die Funktion Sicherer Ordner

Wer noch mehr Sicherheit benötigt, sollte die Funktion *Sicherer Ordner* aktivieren. Was auf den ersten Blick aussieht wie eine App, inklusive Symbol im App-Drawer, ist nichts anderes als ein spezieller Bereich im internen Speicher, der vom Rest des Systems strikt getrennt ist. Was außerhalb des sicheren Ordners passiert, hat keinen Einfluss auf diesen Bereich – was im sicheren Ordner ist, bleibt dort.

Der sichere Ordner ist also ideal für alle Apps und Daten, die ein Plus an Sicherheit benötigen oder vertragen. Dazu können Banking-Apps, Gesundheits-Apps oder besonders vertrauliche Dokumente gehören.

Oder Sie sind in der Situation, dass Sie Ihr Smartphone regelmäßig mit anderen Familienmitgliedern teilen, aber trotzdem einen Bereich für sich haben wollen.

Grundsätzlich können Sie im sicheren Ordner alles machen, was Sie sonst auch mit Ihrem Smartphone tun: telefonieren, Nachrichten schreiben, fotografieren oder Apps wie E-Mail, Facebook und WhatsApp nutzen, alles ist möglich.

Da der sichere Ordner vollständig isoliert ist, können Sie sogar ein zweites Facebook-Konto und auch ein zweites WhatsApp-Konto einrichten. Auch den Play Store sowie jeden anderen Dienst können Sie mit einem Zweitkonto nutzen.

Die Installation von Apps und die Einrichtung von Konten laufen selbstverständlich genauso ab wie außerhalb des sicheren Ordners.

Den sicheren Ordner einrichten

1 Dies geschieht ebenfalls über die *Sicherheitseinstellungen*. Beim ersten Start müssen Sie die Geschäftsbedingungen akzeptieren und Ihr Samsung-Konto bestätigen.

2 Danach geben Sie eine *PIN* oder ein Entsperrmuster für den sicheren Ordner ein und legen fest, ob auch eine Entsperrung per Fingerabdruck möglich sein soll.

3 Nun wird der *Sichere Ordner* erstellt.

Die Bedienoberfläche des sicheren Ordners ist sehr einfach gehalten. Sie haben ein Menü rechts oben, die App-Symbole ähnlich wie im App Drawer und die Symbole für Menü und das Hinzufügen von Apps am oberen Bildrand.

▶ Das *Plus*-**Zeichen** öffnet einen Dialog, über den Sie bereits installierte Apps in den sicheren Ordner kopieren oder neue Apps aus dem Play Store oder Galaxy Store beziehen können.

▶ *Dateien hinzufügen* **im** *Menü* gibt Ihnen Zugriff auf Ihre Fotos, Videos, Musik, Dokumente und Dateien, um diese in den sicheren Ordner zu verschieben.

▶ **Im** *Menü* **lässt sich** auch das Symbol des sicheren Ordners anpassen – auch so, dass es auf den ersten Blick gar nicht mehr auf den sicheren Ordner hinweist. Hier finden Sie selbstverständlich auch die *Einstellungen*, über die Sie Apps und Konten verwalten können.

Die Passwortverwaltung: Samsung Pass

Passwörter sind unbestritten die wichtigsten Daten auf Ihrem Smartphone, öffnen diese doch Tür und Tor zu Ihren Online-Konten. Da man sich komplexe Passwörter jedoch schlecht merken kann, bietet Samsung einen Passwort-Manager an, der diese Aufgabe für Sie übernimmt. Sobald Sie sich bei einem Konto oder einer Webseite anmelden, speichert Samsung Pass auf Wunsch die Anmeldedaten und trägt sie künftig für Sie ein. Sie müssen diesen Vorgang nur noch mit Ihrer PIN oder dem Fingerabdruck bestätigen.

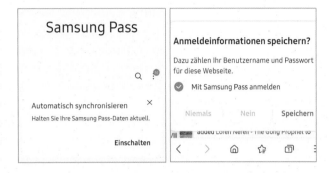

1 Tippen Sie in den *Sicherheitseinstellungen* auf *Samsung Pass*, um den Dienst einzurichten.

2 Geben Sie das Passwort für Ihr Samsung-Konto ein – damit wird der Passwortmanager abgesichert.

3 Bestätigen Sie anschließend Ihren Fingerabdruck und tippen Sie auf der nächsten Seite auf *OK*.

4 Nun öffnet sich die Pass-App und fragt Sie, ob Sie die Synchronisierung einschalten wollen. Dadurch werden alle Passwörter nicht nur lokal gespeichert, sondern auch verschlüsselt auf Samsungs Servern abgelegt. Das hat den Vorteil, dass Ihnen die Passwörter auf allen Galaxy-Geräten zur Verfügung stehen – auch auf jedem neuen Gerät.

Sobald Sie sich das nächste Mal bei einer App oder einer Webseite anmelden, fragt Samsung Pass, ob die Anmeldedaten gespeichert werden sollen.

1 Rufen Sie im Browser eine Webseite auf, bei der Sie sich anmelden müssen.

2 Nach der Anmeldung erscheint der Dialog zur Speicherung der Anmeldedaten, den Sie mit *Speichern* bestätigen.

3 Sobald diese Seite Sie wieder auffordert, Ihre Anmeldedaten einzugeben, erscheint ein Dialog von Samsung Pass. Nun müssen Sie nur noch Ihren Benutzernamen auswählen und per Fingerabdruck bestätigen, damit Samsung Pass die Anmeldung ausführt.

In den *Sicherheitseinstellungen* können Sie über den Punkt *Samsung Pass* (oder über das Symbol im App Drawer) jederzeit die hinterlegten Anmeldedaten prüfen. In den Einstellungen der App lassen sich zudem alle in Samsung Pass hinterlegten Daten löschen.

Feintuning der Gerätesicherheit

Sicherheit geht leider stets zu Lasten des Bedienkomforts. Das gilt auch für das lästige Entsperren des Geräts in Situationen, in denen dies überflüssig erscheint. Erleichterung verspricht die Funktion *Smart Lock*, die Sie in den *Einstellungen* des Sperrbildschirms finden.
Smart Lock entsperrt in bestimmten Situationen Ihr Gerät automatisch. Sinnvoll erscheinen hier vor allem die Optionen *Vertrauenswürdige Orte* und *Vertrauenswürdige Geräte*.

▶ **Ein vertrauenswürdiger Ort** kann beispielsweise Ihre Wohnung oder Ihr Arbeitsplatz sein. Aktivieren Sie das bereits in Ihrem Google-Konto hinterlegte „Zuhause" durch Antippen als *Vertrauenswürdigen Ort* oder fügen Sie einen solchen hinzu. Sobald Sie dort geortet werden, hebt Smart Lock die Gerätesperre auf.

▶ **Geräte müssen per Bluetooth** mit Ihrem Smartphone verbunden sein, um als vertrauenswürdig gelten zu können. Verbinden Sie also zum Beispiel einen Kopfhörer, eine Smartwatch, einen PC oder eine Freisprecheinrichtung mit Ihrem Smartphone und bestätigen Sie es als *Vertrauenswürdiges Gerät*.

Sichere Sperreinstellungen

In den *Einstellungen* des Sperrbildschirms finden Sie auch die *Sicheren Sperreinstellungen*. Hier können Sie festlegen, wie schnell das Telefon gesperrt wird, nachdem sich der Bildschirm automatisch abschaltet.

▶ **Aktivieren Sie**, wenn gewünscht, auch *Mit Funktionstaste sofort sperren*, um die Gerätesperre bei Bedarf manuell zu aktivieren.

▶ **Zur Vorsicht sollten Sie** auch die Funktion aktivieren, die Ihr Gerät nach 15 falschen Entsperrversuchen *automatisch zurücksetzt* – also komplett löscht. Damit verhindern Sie, dass jemand versucht, Ihre PIN zu erraten.

▶ **Netzwerk und Sicherheit sperren** sollte ebenfalls aktiv sein. So schließen Sie aus, dass WLAN und mobile Daten bei gesperrtem Gerät ausgeschaltet werden – denn dann könnte *Find My Mobile* Ihr Gerät nicht mehr finden.

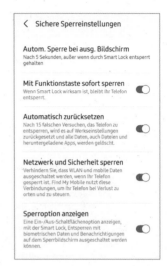

Schutz vor Viren und Schadprogrammen

Ihr Galaxy-Smartphone bietet ab Werk auch einen Schutz vor Schadprogrammen. Den finden Sie in der *Gerätewartung* in der Einstellungen-App unter dem Punkt *Geräteschutz*. Die *Anti-Malware-Funktion* bietet Samsung in Zusammenarbeit mit McAfee an.

Grundsätzlich ist Android weniger anfällig für Schadprogramme als beispielsweise Windows – unter anderem, weil Sie zusätzliche Software nur aus vorgegebenen Quellen beziehen.

Trotzdem gelingt es Cyberkriminellen immer wieder, Malware auf Smartphones einzuschleusen. Ein Grundschutz wie der von McAfee und Samsung ist also nicht überflüssig.

Mehr Sicherheit durch Android-Updates

Wie bereits erwähnt, ist Android von der Architektur her sicherer als Windows. Trotzdem gibt es auch Fehler in Android, die klaffende Sicherheitslücken in das Betriebssystem reißen.

Die dafür benötigten Updates stellt Google monatlich zur Verfügung. Samsung gehört indes zu den wenigen Anbietern, die sich verpflichtet haben, diese Updates auch regelmäßig an die Nutzer weiterzugeben. Inzwischen gilt diese Zusage für einen Zeitraum von bis zu vier Jahren ab der Markteinführung eines Modells. Darüber hinaus gibt es jedes Jahr eine neue Android-Version.

Die großen Versionsupdates, die Samsung meist mit Änderungen an Apps und Bedienoberfläche verknüpft, spendiert es seinen Produkten in der Regel dreimal. Das Galaxy S21, das mit Android 11 ausgeliefert wurde, wird also noch die Versionen Android 12, 13 und 14 erhalten. Beim Galaxy S10, das mit Android 9 in den Handel gekommen ist, ist aber bei Android 12 Schluss.

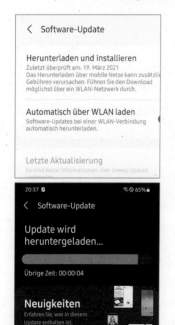

Alle Updates erhalten Sie automatisch, allerdings nur, wenn Ihr Gerät mit einem WLAN verbunden ist. Über den Punkt *Software-Update* in der *Einstellungen*-App lässt sich eine Aktualisierung aber auch manuell anstoßen.

1 Tippen Sie auf *Herunterladen und installieren*, um eine Update-Suche anzustoßen.

2 Eine orangefarbene Markierung zeigt an, dass bereits ein Update verfügbar ist. In dem Fall gelangen Sie zum Dialog zur Installation des Updates.

3 Liegt kein neues Update vor, werden Sie über die aktuell installierte Version informiert. Anderenfalls können Sie nach Download des Updates entscheiden, ob Sie es sofort oder zu einem späteren Zeitpunkt installieren.

4 Für die Installation des Updates wird Ihr Gerät heruntergefahren und automatisch neu gestartet. Es ist in dieser Zeit also nicht benutzbar. Auch der Neustart kann länger dauern als üblich.

5 Der Vorgang darf unter keinen Umständen unterbrochen werden. Deswegen ist ein Update bei niedrigem Akkustand auch nicht möglich.

Leider kommt es bisweilen vor, dass ein Update scheitert. Ein sehr langer Startvorgang (20 Minuten oder mehr) ist kein Zeichen für ein gescheitertes Update. In dem Fall können Sie den Vorgang jederzeit wiederholen. Noch seltener ist, dass ein Gerät nach einem Update nicht mehr startet. In dem Fall müssen Sie leider den Support von Samsung kontaktieren. Möglicherweise liegt sogar ein Hardwarefehler vor.

Als Vorsichtsmaßnahme sollten Sie deswegen vor einem Update eine Datensicherung durchführen.

Die Datensicherung

Es gibt viele Gründe, dass Sie sich wünschen können, eine Datensicherung vorgenommen zu haben: Ihr Galaxy-Smartphone könnte einen Defekt gehabt haben, Sie können es verlieren, vielleicht wird es auch gestohlen, oder Sie haben einfach etwas gelöscht, was Sie nicht löschen wollten.

Die Daten, die Sie auf Ihrem Smartphone haben – seien es nun Fotos, E-Mails, Nachrichten oder die bereits vorgenommenen Einstellungen – sind auf alle Fälle wert, gesichert zu werden.

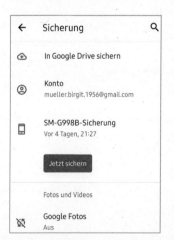

Datensicherung in der Cloud

Am einfachsten sichern Sie Daten und Einstellungen in der Cloud. Das geschieht nämlich vollkommen automatisch und im Hintergrund – Sie müssen eigentlich auch nichts konfigurieren, da die Sicherung ab Werk aktiv ist.

1 Öffnen Sie erneut die *Einstellungen*-App und wählen Sie den Punkt *Konten und Sicherung*.

2 Tippen Sie auf *Sichern und Wiederherstellen*.

3 Sie können Ihre Daten in der Samsung Cloud und auf Google Drive sichern.

4 Tippen Sie jeweils auf *Sichern von Daten*, um die Sicherungseinstellungen zu prüfen oder eine manuelle Datensicherung anzustoßen.

5 Für die Sicherung der Samsung Cloud können Sie auch nur einzelne Kategorien auswählen.

6 Google sichert Ihre Apps und alles, was mit dem Google-Konto zu tun hat – die von Samsung angebotene Sicherung ist also umfangreicher.

7 Tippen Sie auf *Sichern* am unteren Bildrand, um eine manuelle Sicherung anzustoßen.

Wiederherstellen einer Cloud-Datensicherung

Eine Datensicherung ist nur so gut wie ihre Rücksicherung, heißt es lapidar unter IT-Fachleuten – ganz unrecht haben sie dabei allerdings nicht. Das Samsung-Konto erlaubt es Ihnen, jederzeit gesicherte Daten wiederherzustellen.

1 Tippen Sie dafür auf *Wiederherstellen von Daten*.

2 Wählen Sie durch Antippen die Daten aus, die Sie wiederherstellen wollen. Sie können also auch nur eine einzelne Kategorie zurücksichern beziehungsweise bei den Apps gar einzelne Anwendungen auswählen, wenn Sie auf den *nach rechts gerichteten Pfeil* tippen.

3 Ganz oben können Sie zudem eine Datensicherung auswählen. Falls es mehrere Sicherungen gibt – auch von mehreren Geräten –, werden diese hier angezeigt.

4 Schließen Sie den Vorgang mit *Wiederherstellen* am unteren Bildrand ab.

5 Die Daten von Google lassen sich nicht manuell zurücksichern, sondern nur im Rahmen der Einrichtung des Google-Kontos für Android.

Die Datensicherung über Smart Switch

Smart Switch ist eine App von Samsung, mit der Sie Daten sichern, wiederherstellen und von einem Smartphone auf ein anderes übertragen können. Die Datensicherung kann auf einer Speicherkarte, einem mit dem Smartphone verbundenen externen Laufwerk oder einem PC erfolgen.

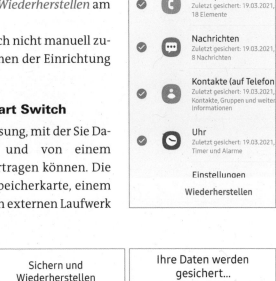

Sicherung auf einer SD-Karte oder einem USB-Stick

1 Starten Sie die *Externe Speicherübertragung* durch Antippen.

2 Es startet die Smart-Switch-App, deren Nutzungsbedingungen Sie zustimmen müssen.

3 Gewähren Sie der App beim ersten Start die geforderten Berechtigungen.

Sicherungsergebnisse

364 Elemente   **3,33 GB**

Apps (19)
1,23 GB

Bilder (190)
1023 MB

Audio (119)
1017 MB

Dokumente und Dateien (2)
102 MB

Mehr anzeigen

Sichern und
Wiederherstellen

Verwenden Sie eine SD-Karte oder ein externe
USB-Speichergerät, um Ihre Daten zu speichern
wiederherzustellen.

Sichern unter

USB-Speicher

Wiederherstellen von USB-Speicher

19. März 2021, 22:20

4 Falls Sie statt einer SD-Karte einen USB-Stick für die Sicherung nutzen wollen, benötigen Sie den der Verpackung beiliegenden Adapter.

5 Wählen Sie den Speicherort für die Sicherung durch Antippen aus.

6 Entfernen Sie die Haken bei Kategorien, die Sie nicht sichern wollen. Nicht gesichert werden Online-Kalender, der WhatsApp-Chatverlauf (den sichert WhatsApp bereits), Hintergründe aus dem Theme Store sowie Bilder, die bereits in der Samsung Cloud abgelegt wurden.

7 Die Dauer der Sicherung ist von der Menge der zu sichernden Daten abhängig. Auch die Geschwindigkeit des USB-Sticks spielt eine Rolle. Ein Stick, der USB 3.0 unterstützt, verkürzt den Vorgang deutlich.

Rücksicherung von einer SD-Karte oder einem USB-Stick

Im Prinzip gehen Sie genauso vor wie bei der Datensicherung, nur dass Smart Switch nun eine vorhandene Datensicherung erkennt und die Rücksicherung dieser Daten anbietet. Nachdem Sie auf *Wiederherstellen* getippt haben, können Sie selbstverständlich auch nur einzelne Elemente zurücksichern.

Datensicherung und Rücksicherung mit einem PC

Dafür benötigen Sie die Smart-Switch-Software für Windows, die Sie auf der Samsung-Webseite oder über Google (Smart Switch Windows) finden. Nach der Installation von Smart Switch müssen Sie nur noch eine Verbindung per USB-Kabel zwischen PC und Galaxy-Smartphone herstellen und auf dem PC auf *Sicherungskopie* klicken. Zum Abschluss der Sicherung wird Ihnen noch eine Übersicht der gesicherten Daten angezeigt. Bei der Wiederherstel-

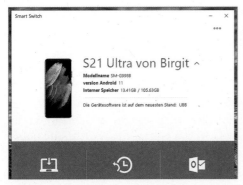

lung können Sie ebenfalls die benötigten Elemente und auch, falls mehrere Sicherungen vorhanden sind, den Datenstand auswählen. Welche Elemente gesichert werden und wo die Sicherung auf Ihrem PC gespeichert wird, sehen Sie übrigens in den *Einstellungen*, die Sie über *Mehr* am oberen Bildrand erreichen.

Welche Sicherung ist nun die beste?

Die beste Sicherung ist die Ihnen tatsächlich zur Verfügung stehende. Die Cloud-Sicherung wird automatisch ausgeführt, sie berücksichtigt jedoch nur wenige Daten. Ein Grundschutz vor unerwünschten Datenverlusten ist damit aber gegeben.
Bilder und Musik, also alles, was viel Platz benötigt, sollten Sie zusätzlich per Smart Switch sichern. Ob die Sicherung auf einer SD-Karte, einem USB-Stick oder einem PC landet, ist unerheblich. Auf alle Fälle sichern Sie so die meisten Daten.

Der Sonderfall: Fotos sichern

Während man Einstellungen von Apps, Kontakte und Termine notfalls auch ohne Datensicherung rekonstruieren kann, sind Bilder im Falle eines Falles meist unwiederbringlich verloren. Hier können die Clouddienste von Google, Microsoft und Samsung unter Umständen hilfreich sein.

Die Fotos-App von *Google* kann Bilder automatisch auf dessen Servern speichern. Sobald Sie also beispielsweise von einem Ausflug zurückkehren und sich Ihr Smartphone im heimischen WLAN einloggt, würde die Fotos-App alle neuen Bilder im Hintergrund auf Google Drive hochladen – dann stehen sie Ihnen automatisch auch am PC oder einem synchronisierten Smartphone bzw. Tablet zur Verfügung. Google bietet Ihnen 15 GByte kostenlosen Speicher. Die Option, Fotos mit reduzierter Qualität hochzuladen, damit sie nicht auf diese 15 GByte angerechnet werden, streicht Google Ende Juni 2021.

Samsung bietet dieselbe Funktion über Microsoft One-Drive. Sie lässt sich in den *Einstellungen* der Galerie-App aktivieren. Es landen grundsätzlich Kopien der Originaldateien auf Microsofts Servern und sobald die 5 GByte, die Ihnen kostenlos zur Verfügung stehen, voll sind, wird nicht mehr gesichert. Sie sind also gezwungen, ab und an Fotos von Ihrem Telefon auf ein anderes Medium auszulagern.

Daten vom alten Samsung auf ein neues übertragen per Smart Switch

Falls Sie sich bei der Ersteinrichtung gegen die Datenübernahme entschieden haben, können Sie dies jederzeit nachholen. In der Einstellungen-App finden Sie unter *Konten und Sicherung* den Punkt *Daten vom alten Gerät übertragen*. Rufen Sie die Funktion durch Antippen auf und schauen Sie auf Seite 15, wo der Vorgang beschrieben wird.

Übrigens, eine auf einem alten Samsung-Smartphone erstellte Datensicherung können Sie ebenfalls zum Zweck der Datenübernahme einspielen – egal ob Sie in der Samsung-Cloud, auf einem PC oder einer SD-Karte gesichert haben (siehe Seite 153).

Für Android-Smartphones anderer Hersteller sowie iPhones und iPads von Apple gilt die Anleitung gleichermaßen. Für Apple-Geräte bietet sich Ihnen aber noch eine weitere Option. Falls Sie nämlich Ihr iPhone oder iPad per iTunes auf einem Windows-PC gesichert haben, erkennt Smart Switch für Windows diese Sicherung und erlaubt es Ihnen, diese Daten auf Ihr neues Samsung Galaxy zu übertragen. Alternativ können Sie Ihr iPhone aber

auch mit der iTunes-Software auf einem PC sichern. Wenn Sie anschließend Smart Switch auf diesem PC starten, können Sie diese iTunes-Sicherung ebenfalls für eine Datenübertragung von einem iPhone auf ein Galaxy-Smartphone verwenden.

Datenschutz: Berechtigungen von Apps verwalten

Ein Grund, warum Android ein recht sicheres Betriebssystem ist, sind die App-Berechtigungen. Ohne Ihre ausdrückliche Zustimmung dürfen Apps nämlich fast gar nichts. Google verfeinert die Berechtigungen zudem kontinuierlich, damit Apps wirklich nur noch auf erforderliche Daten zugreifen können.

Leider ist es nicht ungewöhnlich, dass Apps mehr Berechtigungen einfordern, als sie augenscheinlich benötigen. Ob dies Absicht ist oder Nachlässigkeit der Entwickler – Google lässt solche Apps zumindest auch in den Play Store. Eine Taschenlampen-App etwa benötigt keinen Zugang zu Kamera, Kontakten, Mikrofon und Standort.

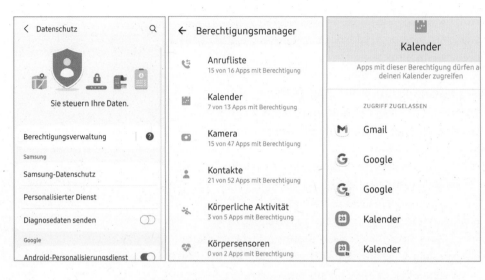

App-Berechtigungen kontrollieren und einschränken

Falls Sie wissen wollen, welche App auf welche Berechtigung zugreift, öffnen Sie in der *Einstellungen*-App den Punkt *Datenschutz* und wählen dort im *Menü* die *Berechtigungsverwaltung*. Nun sehen Sie eine Übersicht der verfügbaren Berechtigungen.

1 Tippen Sie auf eine Berechtigung wie beispielsweise Kalender.

2 Sie sehen nun, für welche Apps der Zugriff zugelassen ist und darunter, bei welchen Apps der Zugriff abgelehnt wurde. Letzteres kann auch bedeuten, dass die App die Berechtigung noch gar nicht angefragt hat.

3 Die Kontakte-App benötigt beispielsweise Zugriff auf die Anrufliste, weil sie auch den Kommunikationsverlauf mit einer Person verarbeitet und anzeigt. Smart Switch benötigt diese Berechtigung, um den Anrufverlauf zu sichern.

4 Deaktivieren Sie Berechtigungen nur mit Vorsicht, vor allem wenn Sie nicht wissen, warum die App diese Berechtigung hat.

Berechtigungen einer App prüfen

Tippen und halten Sie das Symbol einer App im App Drawer oder auf einem Startbildschirm, bis das Kontextmenü erscheint.

1 Tippen Sie auf das *Info*-Symbol oben rechts.
2 Tippen Sie anschließend auf *Berechtigungen*.
3 Nun sehen Sie, welche Berechtigungen die App tatsächlich hat und welche sie gerne noch hätte.
4 Tippen Sie auf eine Berechtigung, um deren Status zu ändern.
5 Weitere Details finden Sie oben rechts über das Menü (*drei Punkte*). Unter *Alle Berechtigungen* werden auch solche aufgelistet, die Sie nicht konfigurieren können.
6 Des Weiteren können Sie einer App die Berechtigungen automatisch entziehen, falls sie längere Zeit nicht genutzt wurde.

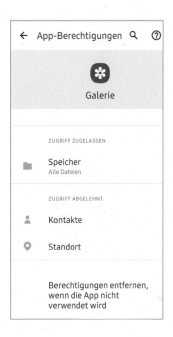

Weitere Datenschutzeinstellungen

Der Punkt *Datenschutz* in der *Einstellungen*-App fasst relevante Informationen für das Samsung- und auch das Google-Konto zusammen. Sie erhalten nicht nur Zugriff auf die Datenschutz-Webseite von Samsung, sondern auch den Standortverlauf und den Autofill-Dienst von Google. Unter *Werbung* sollten Sie die personalisierte Werbung deaktivieren. Dadurch wird die Werbung, die Apps einblenden, möglicherweise noch uninteressanter, die App-Entwickler erstellen dafür kein Nutzerprofil von Ihnen.

Beendet

Sicheres WLAN hilft beim Schutz Ihrer persönliche[n] Daten, wenn Sie ein öffentliches oder unsicheres WL[AN] verwenden.

Schützen

Schutztarif
250 MB pro Monat / Kostenlos   250/25[0]

Geschützte Apps

Schutzaktivität

VPN: Eigene Daten in öffentlichen WLAN-Netzen schützen

Eigentlich gilt in der IT-Welt ja alles als sicher, was verschlüsselt ist. Der Speicher Ihres Galaxy-Smartphones ist verschlüsselt, WhatsApp verschlüsselt alle Nachrichten und zu Webseiten baut Ihr Browser auch eine verschlüsselte Verbindung auf.

WLAN-Netze wurden allerdings schon verschlüsselt, als es WhatsApp noch nicht gab und Smartphones schlichtweg zu wenig Rechenleistung hatten, um ihren Speicher zu verschlüsseln. Allerdings dient die Verschlüsselung eines WLAN-Netzwerks lediglich der Absicherung nach außen – innerhalb desselben Netzwerks kann nämlich jeder jeden sehen. Problematisch ist das unter Umständen in öffentlichen WLAN-Netzen, also im Restaurant, im Hotel oder am Flughafen.

Hier hilft die Funktion *Sicheres WLAN*, die sich über die Einstellungen-App aktivieren lässt. Dabei handelt es sich um ein sogenannten Virtuelles Privates Netzwerk (VPN), ein zusätzliches isoliertes Netzwerk, das innerhalb des drahtlosen Netzwerks aufgebaut wird.

1 Rufen Sie in der *Einstellungen*-App den Punkt *Biometrische Daten und Sicherheit* auf.

2 Scrollen Sie nach unten und tippen Sie auf *Sicheres WLAN*.

3 Beim ersten Start benötigt die Funktion den Zugriff auf die Standortdaten.

4 Sobald Sie auf *Schützen* tippen, wird ein VPN aufgebaut, das Sie innerhalb des WLAN mit einem Server von Samsung verbindet. Alle Internetdaten, also Verbindungen zu Webseiten, WhatsApp und E-Mail-Servern, laufen nun mit einer zusätzlichen Verschlüsselung über Server von Samsung. Es ist nicht mehr möglich, Ihre Daten innerhalb des öffentlichen WLAN-Netzes abzuhören.

Samsungs VPN-Dienst ist allerdings nur eingeschränkt kostenlos. Ihnen steht nur ein Datenvolumen von 250 MByte pro Monat zur Verfügung. Auch Angebote anderer Anbieter sind in der Regel nur gegen Gebühr erhältlich. Abhilfe kann ein eigenes VPN schaffen. Die Funktion wird nämlich von Routern verschiedener Hersteller unterstützt. In dem Fall verbindet Sie das VPN in einem öffentlichen WLAN-Netz mit Ihrem Router zu Hause: Sie surfen also letztlich über Ih-

ren privaten Internetanschluss, obwohl Sie unterwegs sind. Die Anmeldedaten für das VPN entnehmen Sie der Bedienungsanleitung Ihres Routers.

Eigene VPN-Verbindung einrichten

1 Öffnen Sie die *Einstellungen*-App und tippen Sie auf *Verbindungen*.

2 Scrollen Sie nach unten und rufen Sie *Weitere Verbindungseinstellungen* auf.

3 Hier versteckt sich die Option zum *Einrichten eines VPN*, die Sie durch Antippen starten.

4 Die drei Punkte oben rechts erlauben es nun, ein VPN-Profil hinzuzufügen.

5 Den Namen der VPN-Verbindung können Sie frei wählen.

6 Aus der Anleitung Ihres Routers benötigen Sie die Daten für den VPN-Typ sowie in der Regel Adresse und Passwort für den VPN-Server (Ihr Router ist der VPN-Server) und Nutzername und Passwort für den eigentlichen VPN-Zugang.

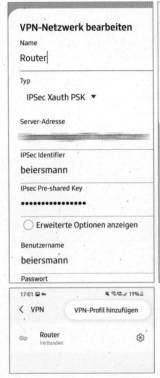

7 Nach erfolgreicher Einrichtung können Sie das VPN durch Antippen starten. Eine erfolgreiche Verbindung wird mit einem Schlüsselsymbol in der Statusleiste am oberen Bildrand sowie einem Eintrag in den Benachrichtigungen angezeigt – darüber können Sie die Verbindung auch wieder trennen.

Leider bietet Samsung keine Schnellverknüpfung für VPN-Verbindungen an. Abhilfe verschafft das Gratis-Tool VPN Shortcut des Entwicklers Dieter Thiess, das im Play Store erhältlich ist. Es lässt sich nach der Installation als Shortcut zum Startbildschirm und als Schaltfläche zu den Schnellzugriffen hinzufügen.

Schadsoftware vermeiden durch Nutzerverhalten

In den Medien wird immer wieder auf Schadsoftware für Android hingewiesen. Die Anbieter von Sicherheitssoftware raten daher, einen Virenschutz für Android zu installieren – einige bieten sogar Pakete mit Antivirenprogrammen für PC und Smartphone an.

Aber braucht man wirklich, wie am Windows-PC, einen Viren-schutz? Das hängt auch hier vor allem vom Nutzerverhalten ab. Ein Nutzer kann unbewusst den besten Virenschutz austricksen und sich eine Schadsoftware einfangen, falls der Angreifer ausreichend clever und gründlich vorgeht. Beachten Sie daher Folgendes:

▶ **Immer neueste Updates installieren:** Ohne Updates hat An-droid Sicherheitslücken, bei denen auch die beste Sicherheitssoft-ware keinen Schutz bieten kann. Monatliche Updates erhalten der-zeit die Modelle Galaxy S21, S21+, S21 Ultra, S20, S20+, S20 Ultra, S10e, S10, S10+, S10 Lite, S9, S9+, Galaxy Note 20, Note 20 Ultra, Note 10, Note 10+, Note 10 Lite, Note 9, Galaxy Fold, Z Fold 2, Z Flip sowie diverse Enterprise-Modelle. Ältere und günstigere Geräte so-wie alle Tablets versorgt Samsung indes alle drei Monate mit Pat-ches. Es ist aber nicht ausgeschlossen, dass Updates für noch ältere Produkte verteilt werden.

▶ **Nur geprüfte Apps:** Apps von Drittanbietern installieren ist möglich, aber nicht ratsam – und eigentlich auch nicht notwendig. Im Google Play Store, in Samsung Galaxy Apps und auch im Ama-zon AppStore sollten Sie alles finden, was Sie benötigen.

▶ **Nicht rooten:** Beim „Root"-Verfahren wird die Software freige-schaltet, damit auch ein verändertes Android starten kann. In Ein-zelfällen sind solche Änderungen vielleicht erwünscht – sie stellen aber stets auch ein Einfallstor für Schadsoftware dar.

▶ **Persönliche Vorsicht:** Betrüger lauern leider fast überall. Ge-ben Sie daher niemals per E-Mail, SMS oder anderswo persönliche Daten, Bankzugänge und Ähnliches an – so täuschend echt die An-frage auch anmuten mag. Onlinehändler und Banken werden nie außerhalb einer Anmeldeseite nach Ihrem Passwort oder Ihrer PIN fragen. E-Mails, wonach Ihr Konto aufgrund eines Betrugsversuchs gesperrt wurde, auch Mahnungen und selbst rechtliche Drohungen per E-Mail sind fast immer gefälscht – außer Sie wissen von dem Zahlungsrückstand oder dem rechtlichen Problem. Im Fall der Fälle hilft eine Google-Suche, Betrüger zu enttarnen.

Tipps und Tricks

Die wichtigsten Funktionen Ihres Samsung-
Smartphones haben Sie nun kennengelernt.
Es bleiben noch einige Tipps und Empfehlun-
gen, die Ihnen den täglichen Umgang mit
Ihrem Gerät erleichtern können.

Schutz und Akkupflege

Samsung verwendet für seine Smartphones hochwertige Materialien wie gehärtetes Glas, spezielle Aluminiumlegierungen und ausgesuchte Kunststoffe. Glasoberflächen sind zudem mit Beschichtungen versehen, die Schmutz und Fingerabdrücke abweisen sollen.

Trotzdem hinterlässt der tägliche Gebrauch Spuren. Die meisten lassen sich mit einem trockenen Mikrofasertuch entfernen. Auf Reinigungsmittel sollten Sie indes verzichten, da sie die Beschichtungen oder die Oberfläche von Kunststoffen angreifen können.

Desinfektion in Zeiten des Coronavirus

Eigentlich raten alle Hersteller vom Einsatz von Reinigungsflüssigkeiten wie Desinfektionsmitteln ab, da sie die Beschichtungen von Glasoberflächen angreifen können. Apple und Samsung haben die aktuelle Corona-Pandemie jedoch zum Anlass genommen, diese Regeln zu lockern. Sie schlagen nun eine sehr vorsichtige Reinigung mit Produkten auf Alkoholbasis (über 70 Prozent Ethanol oder Isopropylalkohol) vor.

Für die Reinigung muss das Gerät ausgeschaltet werden. Sodann sollte ein fusselfreies Tuch sehr sparsam mit dem Reiniger befeuchtet und vorsichtig über die Oberfläche gewischt werden – ohne dabei Druck anzuwenden oder gar zu reiben.

Grundsätzlich gilt natürlich weiterhin, dass Reiniger und Desinfektionsmittel dem Gerät womöglich schaden können. Andererseits haben viele Personen ihr Smartphone sehr oft in der Hand – durchschnittlich 2 500 Mal pro Tag tippt man auf die Oberfläche – und beim Telefonieren natürlich im Gesicht. Die Bildschirmoberfläche ist damit einer der größten Verbreitungsorte für mögliche Keime, Bakterien und Viren.

Hygiene sollte daher nicht nur regelmäßiges Händewaschen beinhalten, sondern auch das Reinigen des Displays, am besten morgens und abends.

Schutzhüllen und Displayfolien

Auch gehärtetes Glas ist anfällig für Kratzer. Scharfe und spitze Gegenstände können dem Glas schaden. Selbst bei aller Vorsicht werden irgendwann feinste und kleinste Kratzer zumindest im Gegenlicht zu sehen sein.

Wer das verhindern will, muss zu einer Schutzhülle und/oder einer Displayfolie greifen. Schutzhüllen reduzieren zudem das Risiko von Sturzschäden. Je härter ein Glas ist, desto leichter bricht es bei einem Sturz – dabei stellt das Display die teuerste Komponente Ihres Smartphones dar.

Folien und Hüllen haben jedoch einen Nachteil: Sie nehmen Ihnen das Gefühl für die Wertigkeit der von Samsung verwendeten Materialien.

Akkupflege

Bei den meisten modernen Smartphones kann der Akku nicht selbst ausgetauscht werden; dabei ist dieser jedoch ein Verschleißartikel.

Um eine möglichst hohe Lebensdauer zu erreichen, sollte man diese Punkte beachten:

▶ **Den Akku nicht komplett entladen:** Eine Ladung von 50 auf 100 Prozent belastet den Akku weniger als eine Ladung von 10 auf 100 Prozent.

▶ **Nicht zu schnell laden:** Leider scheint sich auch abzuzeichnen, dass Schnellladefunktionen und auch drahtloses Laden den Akku stärker belasten. Dazu liegen allerdings noch keine belastbaren Daten vor.

Funktionstaste einrichten: Ausschalten statt Bixby

Der Wegfall der Bixby-Taste beim Galaxy S20 hat eine weitere Änderung ausgelöst, die wahrscheinlich einige Nutzerinnen und Nutzer als zumindest „gewöhnungsbedürftig" bezeichnen werden. Das lange Drücken der Seitentaste schaltet nämlich nicht mehr das Gerät aus, sondern aktiviert den Sprachassistenten. Stattdessen findet sich der „Knopf" zum Ausschalten nun in den Schnellzugriffen. Das können Sie aber ändern.

Der gewohnte Zustand: Funktionstaste für Ein / Aus

1 Öffnen Sie die *Einstellungen*-App und gehen Sie in die *Erweiterten Funktionen*.

2 Tippen Sie auf den Eintrag *Funktionstaste*.

3 Sie können nun festlegen, was passiert, wenn die Taste zweimal gedrückt wird bzw. gedrückt und gehalten wird.

4 Wählen Sie unter *Drücken und halten* das *Ausschalten*-Menü, um Ihr Galaxy-Smartphone wie gewohnt abzuschalten.

Alternativ können Sie auch durch Drücken und Halten von gleichzeitig Funktions- sowie Leiser-Taste das Ausschalten-Menü einblenden. Dies steht Ihnen unabhängig von der Konfiguration der Funktionstaste zur Verfügung.

Der neue Zustand: Funktionstaste für Bixby

Falls Sie Bixby nutzen möchten, bieten sich Ihnen zwei Optionen: Sie belassen die Einstellungen, wie

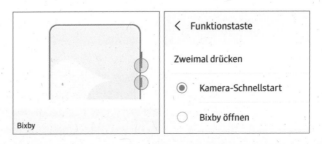

sie sind, oder Sie aktivieren Bixby durch zweimaliges Drücken der Funktionstaste, wodurch Sie allerdings auf den Kamera-Schnellstart verzichten müssen.

Standby-Modus für Apps

Android versetzt bestimmte Apps, die nicht regelmäßig verwendet werden, automatisch in den Standby. Sie werden dann nicht mehr im Hintergrund ausgeführt, außer, Sie haben dafür explizit eine Berechtigung erteilt. Denn jede App, die im Hintergrund läuft, verbraucht Strom.

1 Tippen Sie in der *Einstellungen*-App auf Akku- und *Gerätewartung*.

2 Rufen Sie anschließend den Punkt *Akku* und dann die *Grenzen der Hintergrundnutzung* auf.

3 Ab Werk ist der Standby für nicht verwendete Apps aktiv.

4 Sie können nun festlegen, welche Apps stets bei Nichtverwendung in den *Standby* oder gar in den *tiefen Standby* versetzt werden sollen.

5 Tippen Sie einfach auf *Apps hinzufügen*, um eine App auszuwählen.

6 Das Menü oben rechts erlaubt es, die Liste zu bearbeiten und Apps zu entfernen.

7 Es ist aber auch möglich, Apps generell vom Standby auszunehmen.

Apps, die sich im Standby befinden, werden möglicherweise im Hintergrund nicht mehr aktualisiert und senden auch keine Benachrichtigungen. Beim tiefen Standby stellt Android sicher, dass eine App tatsächlich nur aktiv ist, wenn sie ausgeführt ist. Sobald Sie eine andere App starten oder auch nur zum Startbildschirm zurückkehren, werden solche Apps vollständig beendet.

Der erzwungene Standby empfiehlt sich also nicht für Apps, die im Hintergrund aktiv sein sollen: Messaging-Apps, Navis oder eine Wetter-App. Versetzen Sie etwa den Play Store in den Standby, können

Apps nicht mehr automatisch aktualisiert werden.

In der Regel sollten manuelle Einstellungen nicht notwendig sein, da Android den Standby für Apps selbst verwalten kann. Greifen Sie nur ein, falls die Gerätewartung für eine App, die Sie nur selten verwenden, einen hohen Stromverbrauch meldet.

Die App Gerätewartung

Die *Einstellungen*-App hält eine App zur Wartung Ihres Geräts für Sie bereit. Sie überprüft den Stromverbrauch, den Massenspeicher, den Arbeitsspeicher und den Sicherheitsstatus Ihres Smartphones. Beim Start der App werden diese Punkte analysiert, und mögliche Probleme können Sie mit einem Klick auf *Optimieren* automatisch beheben. So werden beispielsweise stromfressende, aber nicht genutzte Apps beendet, nicht benötigte temporäre Dateien des Betriebssystems und von Apps gelöscht und auch speicherhungrige Apps aus dem Arbeitsspeicher entfernt.

Eine ähnliche Wartung führt auch die *Samsung-Members-App* aus, sobald Sie im Tab *Hilfe holen* eine *automatische Überprüfung* starten. Diese App schlägt aber zusätzlich vor, bestimmte Einstellungen zu optimie-

ren. Bei Bedarf können Sie also den Bildschirm-Time-out auf die vorgeschlagenen 30 Sekunden einstellen oder Funktionen wie *NFC* und *Bluetooth* ausschalten, die auch dann Strom verbrauchen, wenn sie nicht benötigt werden.

Mit den *Interaktiven Überprüfungen* der Members-App führen Sie indes einen Hardware-Check aus, der hilfreich sein kann, um vorhandene Probleme zu identifizieren. Nehmen Apps beispielsweise Eingaben nicht an, können Sie die Touchfunktion des gesamten Bildschirms testen. Über den Hilfebereich finden Sie aber auch eine Kontaktmöglichkeit für den Kunden-Support oder ein Service-Center in Ihrer Nähe. Falls Sie übrigens wissen möchten, wann Ihr Smartphone das geplante Update auf Android 11 erhält, auf der Registerkarte *Erkunden* finden Sie einen Hinweis (*Glocke* am oberen Bildrand) auf den Android-11-Update-Zeitplan von Samsung. Dort sehen Sie, welches Gerät wann aktualisiert werden soll.

Tipps und Tricks für jeden Tag

Es gibt Funktionen Ihres Smartphones, die Sie nicht unbedingt im Handbuch finden, obwohl sie unter Umständen sehr hilfreich sein können. Einige davon zeigen wir hier.

Vorinstallierte Apps entfernen

Viele Nutzerinnen und Nutzer ärgern sich immer wieder über vorinstallierte Apps, die sie nicht benötigen. Dafür gibt es allerdings eine ganz einfache Lösung: Diese Apps lassen sich deinstallieren oder zumindest deaktivieren. In beiden Fällen verschwinden sie aus dem App Drawer und belasten Ihr Gerät nicht mehr.

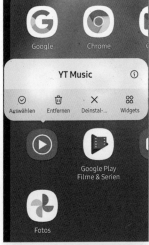

1 Tippen und halten Sie das Symbol der App, bis das Kontextmenü erscheint.

2 Wählen Sie *Deaktivieren* oder *Deinstallieren*, je nachdem, was für die App angeboten wird.

3 Die App *Youtube Music* können Sie nun *deinstallieren*.

4 Die App *Google Duo* lässt sich hingegen nur *entfernen*. Sie ist nun deaktiviert, aber noch installiert.

5 Bei Bedarf können Sie die App jederzeit wieder *aktivieren* oder über den Play Store oder die Galaxy Apps erneut installieren.

Deinstallieren/entfernen Sie Apps nicht wahllos. Das gilt vor allem für Apps, deren Funktion Sie nicht kennen. Vor der Löschung sollten Sie die App also einmal starten oder zumindest im Internet nach einer Beschreibung suchen. Das Löschen einer benötigten App oder Funktion kann unerwünschte Nebenwirkungen haben und den ordnungsgemäßen Betrieb Ihres Geräts einschränken.

Probleme mit Apps beheben

Kaum etwas ist ärgerlicher als eine App, die nicht funktioniert. Das kann jedoch vorkommen. Hier gibt es zwei Lösungsansätze:

❶ Sie können die App deinstallieren und erneut installieren. Möglicherweise müssen Sie die App nachher abermals einrich-

ten – sichern Sie also vorab alle Daten der App und notieren Sie sich mögliche Zugangsdaten.

❷ Sie können die App auch auf die Werkseinstellungen zurücksetzen, statt sie zu deinstallieren. Das Kontextmenü der App hält dafür den Punkt App-Info bereit. In den *App-Infos* tippen Sie auf *Speicher* und löschen alle Daten der App.

Sollten beiden Methoden nicht das gewünschte Ergebnis liefern, ist möglicherweise die App fehlerhaft – vielleicht durch ein kürzlich installiertes Update. In diesem Fall sollten Sie im Play Store eine Bewertung mit einem entsprechenden Hinweis auf den Fehler hinterlassen.

Viele Entwickler lesen regelmäßig die Bewertungen und nehmen dann solche Hinweise auf.

Allgemeine Tipps und Tricks

In der *Einstellungen*-App finden Sie unter dem Punkt *Erweiterte Funktionen* einige interessante Features, die ab Werk leider nicht aktiv sind.

▶ **Der Punkt** *Bewegungen und Gesten* erlaubt es, bestimmte Komfortfunktionen zu verwalten. Dazu gehört das Einschalten des Displays durch zweimaliges Tippen oder Hochheben des Geräts.

▶ **Oder Sie aktivieren die Funktion** *Bildschirm beim Ansehen anlassen*. Das Feature soll verhindern, dass sich der Bildschirm beispielsweise beim Lesen langer Texte automatisch abschaltet.

▶ **SOS-Nachrichten senden:** Dreimaliges schnellen Drücken der Ein/Aus-Taste kann benutzt werden, um eine SOS-Nachricht zu verschicken. Hinterlegen Sie bis zu vier Notfall-Kontakte. Auf Wunsch werden mit der Nachricht zudem aktuell mit Front- und Hauptkamera aufgenommene Fotos sowie eine fünf Sekunden lange Audionachricht verschickt.

Telefonieren und SMS mit dem Tablet

Sie haben auch ein aktuelles Samsung-Tablet? Dann sollten Sie in den *Erweiterten Funktionen* die Option *Anrufe/SMS auf anderen Geräten* aktivieren.

1 Schalten Sie die Funktion auch auf dem Tablet ein.

2 Stellen Sie sicher, dass auf beiden Geräten dasselbe Samsung-Konto eingerichtet ist und sich Smartphone und Tablet im selben WLAN-Netzwerk befinden. Optional kann eine Verbindung auch über das Mobilfunknetz hergestellt werden.

3 Das Tablet wird nun zum Empfang von Anrufen und SMS hinzugefügt.

Der letzte Ausweg bei Problemen: Zurücksetzen

Normalerweise sollten Sie diese Funktion erst benötigen, wenn Sie Ihr Galaxy-Smartphone irgendwann verkaufen, entsorgen oder an eine andere Person weitergeben wollen. Aber manchmal kann das Zurücksetzen auf die Werkseinstellungen lästige Probleme dauerhaft beheben.

1 Öffnen Sie in der *Einstellungen*-App die *Allgemeine Verwaltung* und wählen Sie *Zurücksetzen*.

2 Sie können nun alle Einstellungen auf Standardwerte zurücksetzen. Dabei gehen keine persönlichen Daten wie Bilder oder Nachrichten verloren, aber alle Einstellungen, die Sie irgendwann wissentlich oder auch versehentlich geändert haben.

3 Falls konkret Probleme mit Verbindungen auftauchen, egal ob WLAN, Mobilfunk oder Bluetooth, können Sie auch nur die *Netzwerkeinstellungen* zurücksetzen.

4 Oder Sie greifen, falls alles andere nicht hilft, zur finalen Maßnahme und stellen die *Werkseinstellungen* wieder her. Nun werden aber tatsächlich alle Daten und Apps gelöscht, außer einer SD-Karte. Eine Datensicherung, am besten per Smart Switch, ist also zwingend erforderlich.

Falls Sie Ihr Smartphone tatsächlich aufgrund eines Problems zurücksetzen, empfiehlt es sich leider, eine Datensicherung nicht wiederherzustellen – denn genau die könnte das Problem nämlich zurückbringen.

Datenschutzmaßnahmen vor einem Verkauf des Geräts

Falls Sie Ihr Gerät verkaufen oder verschenken wollen: Gehen Sie, bevor Sie es zurücksetzen, in der *Einstellungen*-App auf *Konten und Sicherung* und löschen Sie dort das Google-Konto und das Samsung-Konto. Beide sind nämlich mit dem Diebstahlschutz verknüpft. So lässt sich das Samsung-Konto auch nur nach Eingabe Ihres Passworts löschen. Damit stellt Samsung sicher, dass ein Dieb Ihr Smartphone nicht zurücksetzen und selbst verwenden kann – ohne Ihr Passwort lässt sich das Gerät nicht neu einrichten.

Digitales Wohlbefinden

Da Smartphones uns bei fast jeder Alltagssituation unterstützen können und zugleich unsere Kommunikationszentrale sind, vergessen wir unter Umständen, dass es auch ein Leben ohne Smartphone gibt.

Unser sogenanntes *Digitales Wohlbefinden* soll die gleichnamige Funktion in der *Einstellungen*-App wiederherstellen. Ein Teil der Funktion der App besteht darin, Sie über die Nutzung Ihres Geräts zu informieren – also wie lange Sie es insgesamt in Gebrauch hatten und welche App welchen Anteil daran hatte.

Das *Dashboard* (tippen Sie auf den oberen Zeitbalken) informiert Sie über Ihre wöchentliche Smartphonenutzung. Per seitlicher Wischgeste blättern Sie durch die Wochen. Details zur täglichen Nutzung erhalten Sie, sobald Sie auf den *Zeitbalken eines Tages* tippen.

Sie können aber auch Ziele für die tägliche Bildschirmzeit, das Entsperren des Geräts und die Nutzung einzelner Apps festlegen. Außerdem hilft die App, sich auf wichtige Dinge zu konzentrieren. Sie können aber auch einen Zeitplan für Ruhephasen erstellen. Setzen Sie sich bei Bedarf also eigene Grenzen, an deren Einhaltung Sie Ihr Galaxy-Smartphone erinnert.

Nützliche Helfer im Alltag

Für jeden Zweck die richtige App – das könnte das Motto des Play Store sein. Aus einer Auswahl von rund zwei Millionen Apps jedoch die richtige zu finden, ist nicht so einfach. Von daher nun ein paar Vorschläge.

Nicht alle der hier empfohlenen Apps wurden von der Stiftung Warentest getestet. Daher können keine Aussagen etwa über den Umgang mit privaten Daten getroffen werden.

Link zu Windows einrichten

Mit Android 11 haben Samsung und Microsoft das Zusammenspiel zwischen Smartphone und Windows-PC erneut verbessert. Die nun *Link zu Windows* genannte Funktion wird auf Ihrem Galaxy-Smartphone über die Schnellbefehle aktiviert. Auf Ihrem PC müs-

sen Sie zudem die App *Ihr Smartphone* starten. Sie ist, falls nicht vorhanden, im Microsoft Store erhältlich.

1 Stellen Sie sicher, dass Sie auf Ihrem Smartphone und Ihrem PC mit demselben Microsoft-Konto angemeldet sind.

2 Folgen Sie den Anweisungen auf PC und Smartphone, um automatisch eine Verbindung herzustellen.

3 Erteilen Sie der App *Link zu Windows* die benötigten Berechtigungen und gewähren Sie Ihrem PC Zugriff auf Ihr Smartphone.

Link zu Windows nutzen

Nach der Einrichtung bietet *Link zu Windows* folgende Funktionen:

▶ *Benachrichtigungen*: Sie sehen alle Benachrichtigungen auf dem Monitor Ihres PCs und können auch direkt beispielsweise auf SMS antworten.

▶ **Sie sehen in der App** *Ihr Smartphone* zudem alle Fotos auf Ihrem Smartphone. Klicken Sie auf ein Foto, um es zu öffnen und auf dem PC zu speichern.

▶ **Oder Sie lassen sich** den Telefonbildschirm auf dem PC-Monitor anzeigen und bedienen Ihr Smartphone mit der Maus und Tastatur. Apps lassen sich zudem in eigenen Fenstern öffnen und sogar

über einen rechten Mausklick an die Taskleiste von Windows 10 anheften.

▶ **Sie können aber auch** über Ihren PC telefonieren. Voraussetzung ist natürlich, dass Ihr PC neben einem Lautsprecher auch ein Mikrofon hat – oder Sie nutzen einfach ein Headset.

Good Lock: Die Werkzeugsammlung aus dem Samsung-Labor

Inzwischen bietet Samsung die Werkzeugsammlung *Good Lock* auch hierzulande im Galaxy Apps Store an. Leider ist die App allerdings nur in englischer Sprache verfügbar. Sie bietet Zugang zu diversen Modulen, mit denen Sie vor allem die Bedienoberfläche One UI optimieren können.

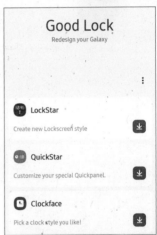

Die einzelnen Module werden über die Good-Lock-App aus dem Galaxy App Store heruntergeladen und installiert. Anschließend lassen sie sich von dort aus auch aktivieren und einrichten.

▶ *LockStar*: Sie möchten mehr aus ihrem Sperrbildschirm herausholen? LockStar erlaubt es beispielsweise, die Uhr frei auf dem Display zu positionieren. Oder Sie tippen am unteren Bildrand auf Items und anschließend wiederholt auf Shortcuts, um beispielsweise bis zu sechs App-Shortcuts am unteren Bildschirmrand zu ermöglichen.

▶ *QuickStar* wiederum erweitert die Konfigurationsmöglichkeiten für die Statusleiste am oberen Bildrand. Legen Sie zum Beispiel fest, welche Symbole in der Statusleiste überhaupt angezeigt werden sollen. Dies lässt sich übrigens separat für den Startbildschirm, den Sperrbildschirm und die geöffnete Benachrichtigungszentrale einstellen.

Den *Theme Park* rufen Sie über den Tab Family am unteren Bildrand von Good Lock auf, um eigene Themes zu erstellen und zu speichern. Passen Sie nicht nur das Hintergrundbild, sondern auch farbliche Details von Benachrichtigungen und Tastatur an Ihre Bedürfnisse an. Ihr neues Theme speichern Sie übrigens durch Antippen des *Download*-Symbols (nach unten gerichteter Pfeil) am oberen Bildrand.

Günstige Tankstellen finden: Clever Tanken

Diese App greift auf die Daten der Markttransparenzstelle für Kraftstoffe des Bundeskartellamts zu, bei der Tankstellen ihre aktuellen Spritpreise melden müssen. Die App *Clever Tanken* ermittelt Ihren Standort und zeigt dann die günstigsten Tankstellen in der Umgebung an – natürlich auch, wenn Sie unterwegs sind. Tankstellen in der Nähe der Strecken, die Sie häufig fahren, können Sie als Favoriten markieren – so sehen Sie schon vor Fahrtantritt, wo Sie unterwegs günstig Kraftstoff kaufen können.

Ein regelmäßiger Blick in die App erlaubt es Ihnen auch, wiederkehrende Preisschwankungen zu erkennen und damit den günstigsten Zeitpunkt für die Betankung Ihres Fahrzeugs zu finden.

1 Wählen Sie zuerst über das Menü oben links die Kraftstoffsorte für Ihr Fahrzeug aus. Im Menü können Sie auch den Suchradius und bei Bedarf den *Standort* festlegen.

2 Tippen Sie anschließend wieder auf das Menü-Symbol, um zur Startansicht zurückzukehren.

3 Mit den Symbolen am oberen Bildrand können Sie die Ergebnisse nach *Preis*, *Name der Tankstelle* oder *Entfernung* sortieren.

4 Tippen Sie auf einen Eintrag, um ihn zu den *Favoriten* hinzuzufügen, die Tankstelle auf einer *Karte anzuzeigen* oder sich mit einer *Navigationsanwendung* zu der Tankstelle führen zu lassen – was übrigens auch mit Here WeGo funktioniert.

5 Die *Favoriten* blenden Sie mit einer Wischgeste von rechts nach links ein. Wischen Sie in umgekehrter Richtung, um zur Liste mit allen Tankstellen in Ihrer Umgebung zurückzukehren.

Navigation und Offlinekarten: Here WeGo

Eine kostenlose Alternative zu Google Maps, die eine sprachgeführte Offline-Navigation mit Verkehrshinweisen bietet, ist Here WeGo.

Die App gehört einem Konsortium deutscher Autobauer. Here WeGo verfügt über Karten für fast alle Länder. Sie können sie nach Regionen unterteilt herunterladen und auf dem Smartphone speichern. Dort werden sie automatisch aktualisiert und haben kein Ablaufdatum.

1 Installieren Sie die App über den Play Store und bestätigen nach dem ersten Start der App die Bedingungen für die Nutzung der Verkehrsdaten. Die Teilnahme am Optimierungsprogramm ist freiwillig.

2 Tippen Sie auf *Fortfahren* und gewähren Sie die geforderten Berechtigungen.

3 Die App sucht nun Ihren Standort und zeigt ihn auf der Karte an.

4 Tippen Sie nun auf das *Haus*-Symbol oben rechts und legen Sie Ihre Heimatadresse fest.

5 Auf Wunsch wird auch ein *Schnellzugriff für die Navigation nach Hause* zum Startbildschirm hinzugefügt. Ansonsten sehen Sie künftig in der Kartenansicht rechts oben ein Haussymbol, über das eine Route vom aktuellen Standort zu Ihrer Wohnung berechnet wird.

Here WeGo: Meine Karten – offline

Bevor Sie Ihre erste Tour planen, sollten Sie die benötigten Karten herunterladen. Tippen Sie auf den *Hamburger*-Button oben links, um das Menü zu öffnen.

1 Tippen Sie auf *Einstellungen*, um das Speichermedium für Karten festzulegen. Falls Sie eine SD-Karte in Ihrem Smartphone haben, sollten Sie die Karten dort speichern.

2 Verlassen Sie mit *Zurück* die Einstellungen und öffnen Sie erneut das *Menü*, um Karten herunterzuladen.

3 Tippen Sie nochmals auf *Karten herunterladen*.

4 Wählen Sie die gewünschte Region, beispielsweise *Europa*, und dann *Deutschland*. Laden Sie den gesamten Bereich oder nur die Karten für einzelne Bundesländer herunter.

5 Wählen Sie anschließend weitere Regionen aus oder kehren Sie mit *Zurück* zur Startansicht der App zurück.

Here WeGo: Stimme auswählen

Jetzt wird noch eine Stimme für die sprachgeführte Navigation benötigt.

1 Öffnen Sie das *Menü* und gehen Sie in die *Einstellungen*.

2 Tippen Sie unter Navigation auf *Optionen für Stimmen*.

3 Voreingestellt ist leider nur eine englische Stimme. Tippen Sie auf *Sprachdateien auswählen*, um eine Stimme in einer anderen Sprache zu installieren. Die zuletzt installierte Stimme wird automatisch aktiviert.

4 Verlassen Sie die Sprachauswahl mit *Zurück*.

Da Sie gerade in den *Einstellungen* sind, sollten Sie auch die *Tempowarnungen* konfigurieren. Sie können die Warnungen abschalten oder festlegen, ab welcher Überschreitung der zulässigen Höchstgeschwindigkeit die App Sie akustisch warnt. Wenn Sie sichergehen wollen, dass Sie die meisten Geschwindigkeitskontrollen unbeschadet überstehen, sollten Sie die vorgegebenen Einstellungen nicht verändern – selbstverständlich kennt die App nicht alle Geschwindigkeitsbegrenzungen!

Here WeGo: Letzte Einstellungen

Die App erlaubt es Ihnen, *Favoriten* zu speichern. Entweder hinterlegen Sie Ziele, die Sie regelmäßig besuchen, oder Sie benutzen die Funktion, um vor Fahrtantritt eine Route zu planen.

Die *Favoriten* synchronisiert Here WeGo automatisch mit den eigenen Servern. So können Sie auch auf anderen Geräten (Android, iOS) sowie über jeden Browser (PC, Mac, Here.com) auf die Favoriten zugreifen und Routen planen.

1 Tippen Sie im *Menü* auf *Anmelden*.

2 Sie können sich bei Here WeGo mit Ihrem Facebook-Konto anmelden oder *ein Konto registrieren*.

3 Bei der Einrichtung eines Kontos fragt Sie Here WeGo nach verschiedenen Daten sowie Ihrer E-Mail-Adresse und Ihrem Kennwort. Die E-Mail-Adresse muss gültig sein.

4 Prüfen Sie danach bitte noch den Posteingang der hinterlegten E-Mail-Adresse. Auch wenn es bei der Einrichtung nicht erwähnt wird, Here WeGo schickt Ihnen eine E-Mail zu, mit der Sie Ihr Konto bestätigen müssen.

5 Tippen Sie dafür auf *E-Mail bestätigen*.

Nachdem Sie Karten und Sprachdateien heruntergeladen und auch ein Here-Konto angelegt haben, können Sie nun im Menü das Häkchen bei *App offline verwenden* setzen.

Damit arbeitet die App nun, ohne unterwegs Ihr mobiles Datenvolumen zu schmälern. Wollen Sie weitere Karten oder Sprachdateien hinzufügen, werden Sie automatisch aufgefordert, den *Onlinemodus* zu aktivieren. Im *Offline-Modus* erhalten Sie allerdings auch keine Verkehrshinweise wie aktuelle Staumeldungen oder anderweitige Verzögerungen.

Here WeGo: Benutzung

Ähnlich wie in Google Maps können Sie die Kartenansicht mit Wischgesten verschieben und mit zwei Fingern drehen oder vergrößern und verkleinern. Ist die Karte nicht nach Norden ausgerichtet, wird oben links ein Kompass eingeblendet, der nach Norden zeigt. Tippen Sie auf den *Kompass*, um die Karte wieder auszurichten. Das *Kreis*-Symbol unten links zeigt stets Ihren aktuellen Standort auf der Karte an. Mit dem *Symbol unten rechts* schließlich wechseln Sie die Ansicht.

▶ **Tippen Sie auf** das *Pfeil*-Symbol oben rechts, um eine Route einzugeben.

▶ **Die Übersicht informiert Sie,** wie lange Sie per Auto oder öffentlichen Verkehrsmitteln unterwegs sein werden. Tippen Sie für Details auf das gewünschte Verkehrsmittel.

▶ **Tippen Sie auf eine** der vorgeschlagenen Routen/Verbindungen, um die Navigation zu starten.

▶ **Stehen verschiedene Routen** für das Verkehrsmittel zur Verfügung, können Sie nun durch Wischen im unteren Bildschirmbereich erneut zwischen den einzelnen Routen wählen.

▶ **Treffen Sie eine Auswahl** und tippen Sie auf *Start*.

▶ **Nun wird am oberen Bildschirmrand** die nächste Richtungsänderung und am unteren Rand die aktuelle Geschwindigkeitsbegrenzung, die Ankunftszeit und die Verzögerung durch Staus angezeigt.

▶ **Tippen Sie auf den unteren Bereich**, um die Route zu ändern, die Navigation abzubrechen oder die Einstellungen der Route zu ändern.

Here WeGo: Routen vor Fahrtantritt planen

1 Geben Sie dafür die Adresse des Ziels in das Suchfeld der Startansicht ein und tippen Sie auf Suchen. Wählen Sie das passende Ergebnis durch Antippen aus. Es wird nun auf der Karte angezeigt.

2 Wischen Sie von unten über das Display, um sich weitere Details zum Ziel anzeigen zu lassen.

3 Tippen Sie am oberen Bildrand auf das *Stern*-Symbol, um die Adresse zu Ihren Favoriten hinzuzufügen. Here WeGo nennt die Favoriten *Sammlungen*. Wählen Sie also noch eine Sammlung aus oder erstellen Sie eine Sammlung.

4 Wenn Sie dann Ihre Fahrt beginnen, müssen Sie in der Startansicht nur noch das *Menü* öffnen, um in Ihren Sammlungen das gewünschte Ziel und anschließend die beste Route auszuwählen.

Bessere Selfies: Google Selfissimo

Die App hilft Ihnen dabei, genau im richtigen Moment einen Schnappschuss von Ihnen mit der Frontkamera zu machen. Dafür erkennt sie, wenn Sie Ihren Gesichtsausdruck ändern oder sich bewegen – Selfissimo reagiert also auf Veränderungen vor der Linse und drückt dann automatisch ab – ganz ohne Auslöser.

Haben Sie genug Schnappschüsse von sich? Dann tippen Sie einfach auf das Display und schon wird eine Übersicht der Fotos angezeigt, die Selfissimo von Ihnen gemacht hat. Von dort aus können Sie die Fotos in Ihrer Galerie speichern oder mit anderen teilen. Einziger Nachteil: Die App liefert nur Schwarz-Weiß-Fotos.

Die Gefahren-Warn-App: Nina

Wir erhalten heute zu allen möglichen, oftmals auch belanglosen Dingen Benachrichtigungen. Da sollte eine App wie *Nina* des Bundesamts für Bevölkerungsschutz, die über mögliche Gefahren inklusive Wetterextremen informiert, eigentlich auf jedem Smartphone installiert sein.

▶ **Nach dem ersten Start der App** und einer kurzen Einführung müssen Sie Ihren Standort in der App hinterlegen. Sie können Meldungen auf den jeweils aktuellen Standort beschränken oder auch mehrere Orte in der App hinterlegen.

▶ **Die App informiert Sie künftig** über mögliche Notfälle in Ihrer Umgebung wie Großbrände oder ausgetretene Giftstoffe, drohende Unwetter und auch Gefahren durch Hochwasser.

▶ **Über das** *Menü* erhalten Sie außerdem Notfalltipps.

▶ **Außerdem sollten Sie** der Aufforderung nachkommen und die Optimierung des Akkuverbrauchs für die Nina-App abschalten. Nur so kann die App zeitnah Warnungen erhalten und Sie informieren.

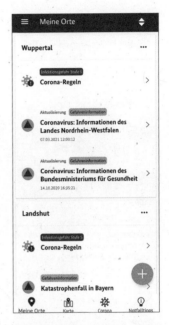

Die Corona-Warn-App

Ein wichtiges Hilfsmittel bei der Bekämpfung der Corona-Pandemie ist die offizielle *Corona-Warn-App* der Bundesregierung. Sie wurde im Verlauf der Pandemie stetig weiterentwickelt und bietet inzwischen umfangreiche Infos zur aktuellen Lage der Ausbreitung, die bekannte *Kontaktverfolgung* per Bluetooth, ein *Tagebuch* sowie neuerdings die Funktion für einen *Check-in* per QR-Code.

Sollte ein Nutzer der Corona-Warn-App nun positiv auf das Coronavirus getestet werden und entschließt sich, sein Ergebnis über die App zu teilen, wird dessen ID zu einer Liste hinzugefügt, die Ihr Smartphone regelmäßig abruft, um sie mit dem eigenen Datenbestand zu vergleichen. Findet Ihre App eine Übereinstimmung, haben Sie sich offenbar kurzzeitig in der Nähe einer positiv getesteten Person aufgehalten oder hatten gar persönlichen Kontakt zu ihr.

Die von Ihrem Smartphone gesammelten Daten verbleiben stets auf Ihrem Gerät. Auch eine mögliche Übereinstimmung wird nur übermittelt, wenn Sie dies aktiv veranlassen.

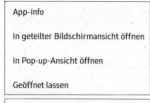

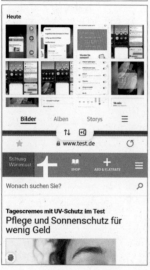

Split-Screen: Zwei Apps gleichzeitig nutzen

Android unterstützt eine Split-Screen-Anzeige: Es lassen sich zwei Apps gleichzeitig auf dem Bildschirm anzeigen und bedienen.

1 Zum Start der Split-Screen-Anzeige tippen Sie auf die *Aktuelle-Anwendungen*-Taste ganz unten links.

2 Tippen Sie nun auf das App-Symbol am oberen Rand des Vorschaubilds und wählen Sie *In geteilter Bildschirmansicht öffnen*.

3 Wählen Sie nun über das Panel am rechten Bildschirmrand eine zweite App aus. Sie erscheint in der unteren Hälfte des Bildschirms.

4 Wechseln Sie durch Antippen zwischen den beiden aktiven Apps.

5 Tippen Sie auf die *blaue Linie* zwischen den beiden Apps, um die Größe der App-Fenster zu ändern.

6 Beenden Sie die geteilte Ansicht, indem Sie zum Homescreen zurückkehren oder die *Trennlinie* in der Mitte bis zum oberen oder unteren Bildschirmrand ziehen.

Tipp

Ein Passwort-Manager erhöht die Sicherheit und nimmt Ihnen die Last, sich alles merken zu müssen. Bei unserer Untersuchung von 10 Apps schnitt *Keeper Security* am besten ab (ca. 36 Euro / Jahr). Ebenfalls gut sind *1Password* (38 Euro / Jahr) und das kostenlose *KeePass* (siehe test 2/2020 sowie test.de, Stichwort Passwort-Manager).

Das Smartphone als Desktop-Ersatz

Vor allem für Aufgaben aus dem klassischen Office-Bereich wie etwa Präsentationen erstellen sind Smartphonedisplays einfach zu klein. Hier hilft Samsung mit der Funktion Dex aus, die Android mit einer Desktopoberfläche versieht und den Bildschirminhalt auf einen Monitor überträgt. Auch die Bedienung per Maus und Tastatur ist möglich.

Unter Windows 10 benötigen Sie lediglich die Samsung Dex-App für Windows. Die Verbindung erfolgt drahtlos. Sie können aber auch eine Docking-Station wie die Dex Station oder das Dex Pad verwenden, um Smartphone und Monitor per HDMI-Kabel und somit ohne PC zu koppeln.

Wichtige Apps wie E-Mail, Internet, Galerie, Word und Excel haben ebenfalls einen Desktopmodus – sie werden nicht bildschirmfüllend, sondern in Fenstern geöffnet. Am unteren Rand des Desktops finden sich die bekannten Bediensymbole von Android.

Ist der Dex-Modus praxistauglich?

Ja. Wer einen PC für nicht viel mehr als Internet und Office verwendet, kann sogar darüber nachdenken, seinen Stand-PC durch eine Docking-Station plus Monitor zu ersetzen. Sobald Sie allerdings bestimmte Anwendungen benötigen, die nicht für Android zur Verfügung stehen, ist der Dex-Modus nur eine Spielerei.

Wer allerdings schon einmal über die Anschaffung eines Wohnzimmer-PCs nachgedacht hat, sollte einen Blick auf die Dex Station werfen. Sie ist für etwa 50 Euro zu haben. Ein HDMI-Kabel verbindet sie mit dem Fernseher. Dann müssen Sie Ihr Galaxy nur noch in die Dex Station stellen und sich mit einer Funktastatur mit integriertem Touchpad auf dem Sofa niederlassen.

Hilfe

Stichwortverzeichnis

Die Stiftung Warentest wurde 1964 auf Beschluss des Deutschen Bundestages gegründet, um dem Verbraucher durch vergleichende Tests von Waren und Dienstleistungen eine unabhängige und objektive Unterstützung zu bieten.

Wir kaufen – anonym im Handel, nehmen Dienstleistungen verdeckt in Anspruch.
Wir testen – mit wissenschaftlichen Methoden in unabhängigen Instituten nach unseren Vorgaben.
Wir bewerten – von sehr gut bis mangelhaft, ausschließlich auf Basis der objektivierten Untersuchungsergebnisse.
Wir veröffentlichen – anzeigenfrei in unseren Büchern, den Zeitschriften test und Finanztest und im Internet unter www.test.de

Der Autor: Stefan Beiersmann beschäftigt sich bereits seit Anfang der Achtzigerjahre mit Computern. Seit 2006 verfolgt er als freier Journalist das Tagesgeschehen in der IT-Branche. Im Buchprogramm der Stiftung Warentest erschien von ihm ebenfalls der Ratgeber „WhatsApp" (3., aktualisierte Auflage).

7., aktualisierte Auflage
© **2021 Stiftung Warentest, Berlin**

Stiftung Warentest
Lützowplatz 11–13
10785 Berlin
Telefon 0 30/26 31–0
Fax 0 30/26 31–25 25
www.test.de
email@stiftung-warentest.de

USt-IdNr.: DE136725570

Vorstand: Hubertus Primus
Weitere Mitglieder der Geschäftsleitung:
Dr. Holger Brackemann, Julia Bönisch,
Daniel Gläser

Programmleitung: Niclas Dewitz

Autor: Stefan Beiersmann
Projektleitung: Johannes Tretau
Lektorat: Merit Niemeitz
Korrektorat: Susanne Reinhold, Berlin
Titelentwurf: Sylvia Heisler,
Christian Königsmann, Anne-Katrin Körbi
Layout, Grafik, Satz: Christian Königsmann
Screenshots: Stefan Beiersmann
Bildnachweis: GettyImages, Ralph Kaiser (Titel);
Gettyimages/Westend61 (Umschlag Rückseite)
Produktion: Vera Göring
Verlagsherstellung: Rita Brosius (Ltg.),
Romy Alig, Susanne Beeh
Druck: Fromm + Rasch GmbH & Co. KG.,
Osnabrück

ISBN: 978–3-7471-0456-9

Wir haben für dieses Buch 100 % Recyclingpapier und mineralölfreie Druckfarben verwendet. Stiftung Warentest druckt ausschließlich in Deutschland, weil hier hohe Umweltstandards gelten und kurze Transportwege für geringe CO_2-Emissionen sorgen. Auch die Weiterverarbeitung erfolgt ausschließlich in Deutschland.